NOËL VALOIS

D'APRÈS

UN DOCUMENT DÉCOUVERT PAR M. CAMILLE RIVAIN

Extrait de l'*Annuaire-Bulletin de la Société de l'Histoire de France*,
tome XXVI, année 1889.

PARIS
ALPHONSE PICARD, LIBRAIRE
82, RUE BONAPARTE, 82
1890

RAYMOND ROGER

VICOMTE DE TURENNE

ET LES PAPES D'AVIGNON

(1386-1408)

PAR

NOËL VALOIS

D'APRÈS

UN DOCUMENT DÉCOUVERT PAR M. CAMILLE RIVAIN

Extrait de l'*Annuaire-Bulletin de la Société de l'Histoire de France*, tome XXVI, année 1889.

PARIS
ALPHONSE PICARD, LIBRAIRE
82, RUE BONAPARTE, 82
1890

RAYMOND ROGER

VICOMTE DE TURENNE

ET LES PAPES D'AVIGNON.

(1386-1408.)

Dans les derniers jours de sa vie, M. Camille Rivain, l'habile et zélé trésorier dont la Société de l'Histoire de France déplore la perte, s'occupait à préparer l'établissement d'un texte, fort curieux, qu'il destinait à notre *Annuaire-Bulletin*. C'était un mémoire émané de Raymond-Louis de Turenne, ce seigneur turbulent dont la famille fut illustrée et enrichie par deux papes, et dont deux autres papes (ou prétendus tels) subirent, à diverses reprises, les revendications et les attaques. Le récit de ce conflit présente, chez tous les historiens, beaucoup d'obscurité. Nul texte ne pouvait mieux éclairer le sujet que le document découvert par M. Camille Rivain, et nul n'était mieux préparé à en tirer un excellent parti que ce regretté confrère, dont l'attention s'était naguère portée sur la famille de Raymond et sur l'une de ses possessions les plus notables, le château de Beaufort-en-Vallée.

Désireux de placer sous les yeux de nos lecteurs une pièce intéressante, transcrite à leur intention, je l'ai complétée, comme on le verra plus loin, par des emprunts faits à un manuscrit de la *Collection de Périgord*, et j'ai essayé de reconstituer, au moins dans ses grandes lignes, un épisode qui, mieux connu, ne laisserait pas que de tenir une place importante dans l'histoire de la papauté d'Avignon, sans parler de l'influence néfaste qu'il a pu avoir sur la politique des papes et du sacré collège, par suite sur la prolongation du schisme d'Occident. Les documents dont j'ai fait usage sont pour la plupart inédits; beaucoup étaient connus de M. Camille Rivain, qui en eût tiré assurément les éléments d'une notice solide et originale.

Le schisme, consommé depuis plusieurs années, divisait la catholicité en deux obédiences inégales. Celui des deux possesseurs de la tiare qui avait trouvé asile dans le palais d'Avignon n'était reconnu ni en Angleterre, ni en Italie, ni en Allemagne. Pour lui, le patrimoine de saint Pierre se réduisait aux terres du Comtat : heureux encore si le bruit des armes ne l'avait pas poursuivi jusque dans cette retraite, et s'il avait pu jouir paisiblement de ses modestes états baignés par la Durance et par le Rhône !

A vrai dire, la soumission des villes de Provence à Louis d'Anjou, oncle du roi de France, puis à sa veuve, Marie de Blois, et à son jeune fils Louis II, fortifiait la situation de Clément VII dans Avignon. Mais, parmi les seigneurs provençaux qui avaient paru accepter la suzeraineté de la seconde maison d'Anjou, un, tout au moins, manifestait des prétentions peu rassurantes et constituait, pour la Curie elle-même, un voisinage dangereux. Raymond-Louis de Turenne, fils de Guillaume Roger, vicomte de Turenne et comte de Beaufort, neveu du pape Grégoire XI, petit-neveu du pape Clément VI, occupait, avec le consentement de son père, une partie des vastes domaines concédés en Provence à la famille Roger : c'étaient, pour ne parler que des places fortes, Éguilles, Pélissanne, les Pennes, Pertuis, la redoutable forteresse des Baux, et, plus près encore d'Avignon, la ville de Saint-Remy[1]. Éléonor de Comminges,

1. Douët d'Arcq, *Choix de pièces inédites relatives au règne de Charles VI*, t. I, p. 69. — Dans un de ses factums, Raymond de Turenne affirme que lui et sa mère tenaient les Baux, non de Guillaume Roger, mais de Jeanne de Beaufort, sœur de Raymond, mariée, en premières noces, à Raymond II de Baux, puis remariée à Guy de Chauvigny : « Car « je ne tieng pas le chastel des Baux par le nom de M. mon pere, ne ne tins « onques ; mais Madame ma mere et moy le tenons de ma suer de Chau- « vigny, en serement et par certaines condicions, ne à autre ne le devons « baillier. » (Arch. nat., K 55, n° 22, fol. 23 r°.) — Il est à remarquer que, le 8 juin 1385, la reine de Sicile, Marie de Blois, avait reçu l'hommage lige de François de Baux, seigneur d'Aubagne, pour les châteaux des Baux, d'Éguilles, de Puyricard, etc. (L. Barthélemy, *Inventaire chro-*

mère de Raymond, tenait, de son côté, la place de Meyrargues.

Vers le printemps de l'année 1386, l'entente fut rompue entre Raymond de Turenne et la reine Marie[1]; non pas, comme le rapportent les historiens provençaux[2], que Raymond eût à se plaindre d'une spoliation générale de ses terres, mais plutôt par suite d'une contestation au sujet d'Aureille, bourgade située près des Baux, où la reine avait fait arborer ses bannières et celles du roi, son fils[3]. La réunion de Saint-Remy au domaine pro-

nologique et analytique des chartes de la maison de Baux, Marseille, 1882, in-8°, n° 1593.)

1. Jean le Fèvre, chancelier du roi et de la reine de Sicile, rapporte, dans la partie encore inédite de son *Journal*, que, le 15 janvier 1386, il avait scellé des lettres favorables à Raymond de Turenne : « Une lettre « pour messire Raymon de Turenne, par la quelle Madame li confirme, « et à son pere le visconte, et à sa mere, toutes les terres qu'il ont « en Prouvence, et li promet à faire droit du visconte de Valerne, son « oncle, et de la mere, etc. — *Item*, une lettre au dit messire Raymon, « par la quelle Madame mande aus juges d'Arle que il facent justice « au dit messire Raymon de ceulx qui eurent les joyaulx de sa seur, à « la prinse des Baux. — *Item*, une obligacion par la quelle Madame pro« met au dit messire Raymon III chasteaulx en la viconsté de Limoges... » Le 19 ou le 20 janvier, Raymond avait prêté serment de fidélité à la reine, et, le 23, celle-ci avait retenu à son service deux des écuyers de Raymond. (Bibl. nat., ms. fr. 5015, fol. 104-107; cf. Baluze, *Vitæ paparum avenionensium*, t. I, c. 1394.)

2. Je renonce à suivre César de Notredame, H. Bouche, J.-S. Pitton, J. de Gaufridi, etc., dans leur récit déclamatoire de « la plus horrible guerre que les siècles passez ayent jamais veue en Provence. » Ce qu'ils rapportent de Raymond de Turenne, « ce got et cruel Attile, » semble être surtout inspiré d'un *Discours das troubles que foron en Provensa dau temps de Louys second..., per aqueou Reymond Rougier surnomat lou viscounte de Thoreno*, que Papon (*Histoire générale de Provence*, t. III, p. 292) dit remonter au règne du roi René, mais dont il déplore, en même temps, les erreurs et le défaut de chronologie. On pourra vérifier l'exactitude de ces critiques en consultant les copies manuscrites du *Discours*, qui sont conservées à la bibliothèque Méjanes (n° 794; cf. F. Vidal, *les Manuscrits provençaux de la Méjanes*, Aix, 1885, in-8°, p. 13) et dans celle de Carpentras (*Add. aux mss. de Peiresc*, n° 11). M. Paul Meyer a reconnu, dans cette dernière copie, la main de Jean de Notredame. — Un auteur moderne, l'abbé Rose, a réuni, dans une brochure intitulée : *Étude historique, Raymond de Turenne* (Port-Saint-Esprit, 1858, in-8°), quelques extraits empruntés au *Journal de Jean le Fèvre*.

3. Le 10 mars 1386, « Bosquet dit à Madame que messire Raymon de

vençal, opérée par lettres du 10 août 1386[1], constitua bientôt un second grief dont Raymond dut se prévaloir pour justifier sa prise d'armes.

Presque au même moment, la guerre se trouve déclarée entre Raymond et Clément VII. Le prétexte fut sans doute quelqu'une des créances que Raymond faisait valoir contre la Chambre apostolique. Déjà ses gens « avoient couru jusques aux portes d'Avignon, » quand, le 24 août, Clément VII, ne se croyant plus en sûreté à Châteauneuf-du-Pape, vint se réfugier dans son palais des Doms[2]. Le 3 septembre, les gens de Raymond battirent, devant Eyrargues, les troupes pontificales et leur firent une vingtaine de prisonniers[3].

De nouvelles rencontres durent avoir lieu avant l'hiver; car, le 2 octobre, une troupe où l'on remarquait Georges de Marle, maître d'hôtel du Pape, et Eudes de Villars, dont il sera longuement question plus loin, sortit d'Avignon pour aller combattre l'ennemi de la cour romaine[4].

Soit que les hostilités aient été renouvelées durant les années suivantes[5], soit que Clément VII ait acheté par l'offre d'un

« Turenne forment se complaignoit de ce que Haussart estoit en Aureille, « loquel dist estre sien. Dit li fu que Madame estoit merveillée comment « le dit messire Raymon avoit fait courir sur ceulz d'Aureille, depuis les « bannieres de Madame et du roy Loys mises, et en avoient ses genz « occis trois. » (*Journal de Jean le Fèvre*, fol. 113 r°; cf. fol. 115 r°, 116 v°, 117 r°, 122 r°, 127 v°. Abbé Rose, *op. cit.*)

1. Jean le Fèvre, lorsqu'il scellait ces lettres, en prévoyait les conséquences : « Je doubte, » écrivait-il (fol. 136 v°), « que ceste lettre ne « suscite escandle contre le visconte de Turenne, à qui sont ceulz de « Saint-Remi. »

2. Ibid., fol. 138 v°.

3. « Vindrent nouvelles que, le jour precedent, les genz d'armes du « Pape avoient esté desconfis devant Eraguez, et Gerard d'Arlo, le capi- « taine, s'en estoit fuy, et avoient esté prins xx hommes d'armes : et ce « avoient fait les gens messire Raymon de Turenne. » (Ibid., fol. 138 v°.)

4. Ibid., fol. 141 v°. Cf. Baluze, *Vitæ paparum avenionensium*, t. I, c. 1395. — Le 16 septembre, la reine Marie fait commencer le procès de Raymond de Turenne « sur les malefices que il fait et a fait en Prouvence. » (*Journal de Jean le Fèvre*, fol. 140 r°.) Le 12 octobre, Clément VII approuve la réunion de Saint-Remy au domaine provençal. (Ibid., fol. 141 v°.)

5. Vers le mois de septembre 1387, des ambassadeurs envoyés à Aix

tribut annuel le désarmement de Raymond[1], la guerre était, au mois de janvier 1389, à la veille d'être de nouveau portée sur les terres du saint-siège. Clément VII, fort alarmé, en même temps qu'il prenait à sa solde François de Saint-André, avec soixante lances, s'empressait d'envoyer des gens d'armes dans plusieurs châteaux du diocèse de Valence, particulièrement à Châteauneuf-d'Isère[2]. Raymond avait épousé, cette fois, la querelle de sa tante Alix de Beaufort, comtesse douairière de Valentinois : de là ses incursions sur les terres du comte de Valentinois, Louis de Poitiers. Avec non moins de bonheur que de hardiesse, il s'était emparé, par surprise, de Châteauneuf-de-Mazenc, de Felines, de Soyans, de Saint-Gervais, de Savasse, de Rochefort et de la Roche-Saint-Secret. Ces châteaux, situés dans le comté de Valentinois, faisaient partie d'un fief de l'Église; mais là ne se bornèrent pas les méfaits de Raymond à l'égard du saint-siège. La campagne d'Avignon, avec ses routes sillonnées de prélats, de pèlerins, de voyageurs que des intérêts de toutes sortes appelaient sans cesse auprès du Pape ou du sacré collège, lui offrait le théâtre d'une guerre plus commode, et non moins lucrative : vraie guerre de bandits, qui convenait à merveille aux gens de compagnies dont il s'entourait. Il prit Roque-

par la ville de Tarascon furent « prins sur le chemin par les genz de la vicontesse de Turenne et menés à Merargues. » (*Ibid.*, fol. 170 v°.)

1. Dans le registre des Arch. nat. R²* 38 (*Papiers Bouillon*), qui contient un inventaire ancien des titres de la maison de Turenne, je relève la mention d'un traité conclu, en 1387, aux termes duquel la Chambre apostolique s'engageait à payer chaque année à Raymond cinq cents francs et cinq cents florins de chambre. Malheureusement j'ai constaté plus d'une fois l'inexactitude des dates fournies par cet inventaire. Mais, d'autre part, Jean le Fèvre mentionne, aux dates du 29 août et du 27 décembre 1387, sept lettres de la reine de Sicile favorables à Raymond de Turenne; à la date du 20 septembre, une rémission pour un de ses compagnons; au mois d'octobre, des démarches tendantes à réconcilier Éléonor de Comminges avec Marie de Blois; enfin, le 28 janvier 1388, une rémission plénière pour tous les pillards qui ont dévasté la Provence « sous l'ombre » de Raymond de Turenne. (Ms. fr. 5015, fol. 166 v°, 178 r°, 188 v°, 191 v°, 203 r° et 210 r°.) Les rapports étaient donc bons à cette époque, au moins entre Raymond et la cour de Sicile.

2. Arch. nat., JJ 137, n° 47; D. Vaissete, *Histoire générale de Languedoc*, édit. Privat, t. IX, p. 957; t. X, c. 1780.

martine[1], à sept lieues d'Avignon : ce fut, avec les Baux, son quartier général. De là, ses mercenaires s'élançaient au pillage. Les voyageurs détroussés ou emmenés prisonniers, mis à la question et rançonnés appartenaient, en grand nombre, à la classe des clercs, voire même à celle des prélats. L'évêque d'Albi Guillaume de la Voulte[2] n'échappa point au sort commun; lui et ses serviteurs revenaient d'Avignon, quand, à six lieues de là, ils firent la rencontre d'une des bandes de Raymond : argent, joyaux, tout leur fut enlevé. Puis, c'étaient des paysans maltraités ou blessés, des bestiaux volés, des tonneaux de vin, des sacs de blé, des marchandises de toutes sortes dirigés vers l'une des places dont Raymond avait fait ses magasins généraux : Ancone, par exemple, ou Châteauneuf-de-Mazenc. Fréquemment le sang coulait, comme à la prise de Vaison, qui fut l'œuvre de Raymond lui-même. Visan, Pierrelatte, Robions, Menerbes, autres châteaux du Comtat, dont les gens de Raymond tentèrent l'escalade, ne lui échappèrent que grâce à la vigilance de leurs gardiens. Les châteaux d'Oppède et de Baumes tombèrent en son pouvoir[3]; tous les habitants, hommes et femmes, furent emmenés prisonniers. Plusieurs villes et villages devinrent la proie des flammes[4].

Sans doute, il y eut des trêves et des négociations. Dès le mois de février 1389, les gens d'armes furent licenciés de part et d'autre[5]. Pierre, comte de Genève, frère du Pape (22 février),

1. Bouches-du-Rhône, comm. d'Eyguières.

2. Il n'est pas vrai, comme le rapportent les auteurs de la *Gallia christiana* (t. I, c. 29), que Guillaume de la Voulte vécut jusqu'en 1397; il mourut le 15 octobre 1392 (abbé J.-H. Albanès, *Armorial et sigillographie des évêques de Marseille*, Marseille, 1884, in-fol., p. 90), et Clément VII, dans sa bulle du 15 décembre 1393, peut dire de lui : « ... bone « memorie Guillermum, episcopum Albiensem. »

3. Circonstance ignorée de M. l'abbé A. Allègre, auteur d'une toute récente *Monographie de Baumes-de-Venisse* (Carpentras, 1888, in-4°, p. 38).

4. Arch. nat., *Titres de la maison d'Anjou*, P 1351, n° 694. Cf. Pithon-Curt, *Histoire de la noblesse du Comtat-Venaissin*, Paris, 1750, in-4°, t. IV, p. 48, et Barjavel, *Dictionnaire historique, biographique et bibliographique du département de Vaucluse*, Carpentras, 1842, in-8°, t. II, p. 348.

5. Les officiers royaux du Dauphiné défendirent à tous les bateliers de

et, plus tard, le Pape lui-même (31 mars) accordèrent à Raymond des sauf-conduits pour venir régler ses affaires en cour de Rome; les serviteurs de Raymond devaient pouvoir se procurer denrées et marchandises sur les terres du Pape ou du roi de Sicile[1].

A plusieurs reprises, il fut question également d'arbitrages[2] : on espérait terminer, du même coup, les querelles de Raymond avec Clément VII, avec Louis II d'Anjou, avec les comtes de Genève et de Valentinois et avec l'évêque de Valence. Ainsi, durant l'été de 1390, ces divers litiges furent soumis au jugement de Guérin d'Apchier et de Raoul de l'Estrange, arbitres désignés par Raymond de Turenne, de l'évêque de Mende et de l'Ermite de la Faye, arbitres désignés par la partie adverse, enfin de Jean III, comte d'Armagnac, « surarbitre » choisi par toutes les parties, et auquel devaient être livrées les places litigieuses. On leur donnait jusqu'au 15 août 1391, et, au besoin, jusqu'au 15 août 1392, pour expédier les parties[3]. Cette mission contribua peut-être à prolonger le séjour du comte d'Armagnac en deçà des monts. Cependant, bien longtemps avant l'expiration du premier terme, vers le printemps de l'année 1391, Jean III prit la route de l'Italie, ne songeant plus qu'à se mesurer avec Jean-Galéas Visconti[4].

passer aucun de ces hommes d'armes du Valentinois en Dauphiné. (Arch. nat., JJ 137, n° 47; D. Vaissete, *loc. cit.*)

1. Huillard-Bréholles, *Titres de la maison ducale de Bourbon*, n°s 3758, 3759 et 3764.

2. Le P. Anselme (t. III, p. 816 et 832) mentionne un accord conclu, au sujet des Baux, le 20 février 1389 (v. st.?), entre le Pape, la reine et Raymond, grâce à l'intervention de Guérin d'Apchier, des cardinaux de Palestrina et d'Amiens, des comtes de Genève et de Valentinois, choisis par les parties comme arbitres. C'est évidemment le traité dont parle Raymond lui-même dans une lettre du 12 juillet 1393. (Arch. nat., K 54, n° 26.)

3. Convention du 29 mai 1390 entre le comte d'Armagnac et l'évêque de Couserans, légat du Pape. (Bibl. nat., coll. Doat, ms. 204, fol. 53-56.) Accord passé à Mende, le 9 août 1390, ratifié les 20, 26 et 28 du même mois. (Baluze, *op. cit.*, t. II, c. 1052-1057; D. Vaissete, t. IX, p. 955; cf. P. Anselme, t. VI, p. 318; comte de Circourt, *Louis d'Orléans*, dans la *Revue des Questions historiques*, juillet 1887, p. 51.)

4. Notre confrère M. P. Durrieu (*les Gascons en Italie*, Auch, 1885,

Il avait auparavant chargé son frère Bernard de tenter une démarche auprès de Raymond de Turenne pour l'entraîner à sa suite : « Bernard, avait-il dit (c'est Froissart qui le raconte), « vous retournerés par devers nostre cousin Raymon de Thou« raine, qui se tient icy en la conté de Venissin, terre de « pape, et moult la guerroie et traveille... Si luy priés, de par « moy et de par vous, car j'en suis requis du pape Clement, « que il s'ordonne pour venir avec moy en ce voyage : et le feray « mon compagnon en toutes choses, et que il soit tout certain « que je le sourattendray en la cité de Gap, seant entre les « plus aspres montaignes. » Bernard, voulant s'acquitter de sa mission auprès de Raymond, « luy remonstra tout l'affaire... « tres sagement et doulcement, à celle fin que il y euist plus « grande inclination. » Mais la réponse de Raymond ne fut qu'à moitié satisfaisante : « Beau cousin, avant que vostre frere soit « entré en Lombardie trop avant et que il ait as 'egié chastel ne « ville, il pourra bien advenir que je le sieuvray; mais il est « encoires assés tempre pour moy et mes gens mettre au che« min. Si me rescripra mon cousin, vostre frere, de ses nou« velles; et, contre ce may, je le sieuvray, car là en dedans je « pense bien avoir fin de guerre à mon oncle, ce pape d'Avi« gnon[1], et aux cardinaulx, qui ne me veulent faire nul droit « et me retiennent de force tout ce que mon oncle, pape Gregoire, « me donna et ordonna. Ils me cuident lasser par moy faire « excommunier; mais non feront. Ils prient chevalliers et « escuiers, et les absolvent de peine et de coulpe pour moy « guerroier : mais ilz n'en ont nul talent. J'auroye plus de gens « d'armes pour mil florins, que ils n'auroient pour toutes les « absolutions que ils pourroient faire et donner en sept ans! — « Beau cousin, respondy Bernard, vous dittes verité. Tenés

in-8°, p. 69) a trouvé encore trace du séjour de Jean d'Armagnac à Avignon à la date du 7 avril 1391; le comte n'aurait passé en Italie qu'au mois de juin.

1. Raymond de Turenne avait épousé Marie de Boulogne, nièce de la mère de Clément VII. Il était donc, par alliance, cousin de ce pape. De là à dire, comme Bouche (t. II, p. 420) ou comme Pitton (*Histoire de la ville d'Aix*, p. 208), que Clément VII ménageait en Raymond un proche parent, il y a loin.

« vostre prommesse; car je ne vous vueil autrement conseillier, « et, tout ainsi que vous m'avés respondu, j'en rescripray à mon « frere. — Dieux y ait part! respondy Raymon. » Froissart ajoute qu'en recevant cette promesse évasive, le comte Jean d'Armagnac « passa oultre et n'en fist pas trop grant compte. » Il eut raison : le mois de mai, le mois de juin, le mois de juillet s'écoulèrent sans que Raymond trouvât le moment de franchir la chaîne des Alpes. La guerre qu'il continuait à mener en Provence, malgré les offres séduisantes des états du pays[1], ne lui laissait aucun loisir. Il est vrai que, le 6 octobre, longtemps après que le comte d'Armagnac eut succombé sous les murs d'Alexandrie, Raymond conclut avec le roi et la reine de Sicile un traité, qui, d'ailleurs, lui était entièrement favorable[2]. Mais les plénipotentiaires de la reine n'avaient pu maintenir dans la rédaction définitive une clause, insérée dans les conventions préliminaires, suivant laquelle Raymond devait promettre de ne plus faire guerre au Pape « publiquement ne occultement, » hormis le cas de légitime défense[3].

1. Offre de 20,000 florins par les états tenus, à Aix, le 22 juillet 1391. (Reg. *Potentia*, cité par Papon, t. III, p. 282. Cf. Ch. Cottier, *Notes historiques concernant les recteurs du ci-devant Comté-Venaissin*, Carpentras, 1806, in-8°, p. 98.)

2. Louis II d'Anjou lui restituait les Pennes, Meyrargues, le péage de Bouc (Bouches-du-Rhône, comm. de Fos), le port de Sainte-Réparade (comm. du Puy-Sainte-Réparade), etc., le faisait mettre, lui ou son père, en possession d'une moitié de la vicomté de Valernes, saisissait les deux forteresses de Montpaon et de Castillon, dont les garnisons, par suite, devaient cesser d'inquiéter les habitants du territoire des Baux, lui payait 14,000 francs de dommages-intérêts, se reconnaissait débiteur d'une rente de 1,000 livres, enfin pardonnait à tous les gens et complices de Raymond, sauf à R. Baudet de Rémusat. De son côté, Raymond devenait vassal du roi, pour ses nouvelles possessions, et se réconciliait avec les Marseillais et autres qui avaient pris part au démantèlement de Meyrargues et des Pennes. Ce traité, ratifié par la reine Marie le 10 novembre suivant, se trouve transcrit tout au long dans le registre R²* 37 (fol. 83-107) des Arch. nat.; un texte moins complet en a été conservé parmi les *Titres de la maison d'Anjou* (P 1351, n° 693). — A la date du 15 février 1392, la reine Marie transporta à Raymond, en déduction de ce qui lui avait été promis, tous ses droits sur un tiers du château de Sénas. (Chr. Justel, *Histoire généalogique de la maison de Turenne*, Paris, 1645, in-fol., pr., p. 124.)

3. « Item, que le dit mess. Reymont prometra et asseuera que, des

Ce fut seulement le 5 mai 1392 que l'intervention du roi de France[1], sollicitée par Clément VII lui-même, aboutit, après de longs pourparlers, à la conclusion d'une paix, qui devait être perpétuelle, entre Raymond de Turenne et ses alliés, d'une part, le Pape, l'évêque de Valence et le comte de Valentinois, d'autre part[2]. Les noms des commissaires royaux qui prirent en main l'affaire et se transportèrent en Avignon pour interroger les parties, Philippe de Moulins, évêque de Noyon, Bureau de la Rivière, Jeannet d'Estouteville, Henri Mauloué, secrétaire du roi, plus tard Jacques de Montmor, gouverneur du Dauphiné, indiquent suffisamment l'importance que la cour de France attachait au rétablissement de la paix dans la vallée du Rhône. Cette fois, du moins, toutes les précautions semblaient bien prises. Raymond de Turenne devait évacuer les places fortes qu'il occupait sur les terres de ses adversaires et les livrer aux gens du Roi, à l'exception de Châteauneuf-de-Mazenc, qu'il était autorisé à remettre à sa tante, la comtesse douairière de Valentinois. De leur côté, Clément VII et ses alliés livraient aux gens du Roi les forteresses qu'ils avaient prises, sauf Savasse et Felines, qui devaient être

« Baus ne de nul autre lieu qu'il tiengne ou obtendra en Prouvence, ne « fera guerre publiquement ne occultement au Pape, ne ne receptera per- « sonne qui mal luy veuille faire qu'il le puesse savoir. Ou cas toutesfoiz « que le Pape luy fera guerre, Madame est contente qu'il se deffende. » (Arch. nat., R[2]* 37, fol. 101 v°.)

1. Charles VI était fort intéressé à la cessation des hostilités ; en Dauphiné, le rendement des péages des gabelles et autres taxes avait notablement diminué par le fait de Raymond de Turenne ; les gens de Raymond avaient capturé les « gardiers » delphinaux et refusé de les remettre en liberté, malgré les injonctions du gouverneur. (Voy. un mémoire remis aux réformateurs le 10 janvier 1392 : abbé U. Chevalier, *Choix de documents inédits sur le Dauphiné*, Lyon, 1874, in-8°, p. 216 et 217.) D'ailleurs, Charles VI, grâce aux pourparlers entamés avec Louis de Poitiers, au mois de novembre 1391, pouvait déjà considérer le comté de Valentinois comme devant, un jour ou l'autre, appartenir à la couronne (Arch. nat., J 287, *Valentinois*, n° 1).

2. Arch. nat., K 54, n° 10 ; J 288[a], *Valentinois*, n°° 1 et 2. Baluze, *op. cit.*, t. II, c. 1058-1070. — C'est le traité dont Papon résume, tant bien que mal, quelques dispositions, et auquel il assigne la date erronée de 1393 (t. III, p. 285, 286).

également restituées à la comtesse douairière de Valentinois. De part et d'autre, on désarmait; les compagnies, depuis si longtemps la terreur du Comtat, devaient chercher une autre province à rançonner et à piller. Raymond de Turenne, pour sa part, avait lieu d'être satisfait : il recevait immédiatement dix mille francs, sans compter les deux mille qu'on avait déjà versés pour lui faire prendre patience, ni les vingt mille qui allaient être payés à ses hommes d'armes, par les soins du gouverneur de Dauphiné[1], dès qu'ils auraient juré d'évacuer la contrée et fourni, en garantie de cette promesse, un certain nombre d'otages. Raymond devait toucher, par la suite, encore vingt mille francs; comme gages, le Pape lui assurait les revenus du prieuré de Saint-Pierre de Saint-Remy et les terres, rentes et dîmes possédées à Pertuis et à Pélissanne par l'abbaye de Montmajour. On lui faisait espérer des lettres de rémission pour tout attentat commis sur les terres du roi de France. Un sauf-conduit l'autorisait à circuler dans le royaume et dans le Comtat-Venaissin, escorté de cent hommes armés[2]. On promettait de faire bonne justice à sa tante Alix de Beaufort, qui déjà rentrait en possession de ses châteaux du Valentinois et du Vivarais[3]; quant aux autres litiges, Charles VI ou ses délégués devaient statuer sommairement, et en dernier ressort, avant le 30 novembre ou, au plus tard, avant le *31 décembre 1392*. Enfin le Pape promettait de rendre bonne justice à un changeur auquel Raymond portait, comme créancier, un intérêt particulier[4]; il

1. Cette clause, mal interprétée, a donné lieu à une légende : le gouverneur de Dauphiné passe pour avoir soutenu Raymond dans cette guerre, et l'on déplore, à ce propos, l'insubordination des officiers royaux, l'anarchie qui régnait alors. (Voy. Bouche, t. II, p. 421; Papon, t. III, p. 283, etc.)

2. Cf. Arch. nat., K 55, n° 22, fol. 52 v°.

3. Privas, Baix, Chalençon, etc. Il était stipulé que Raymond ne se servirait pas de ces places pour faire la guerre soit au Pape, soit au comte de Valentinois ou à l'évêque de Valence. Il en prit, en effet, l'engagement positif, le 1er septembre, à Châteauneuf-de-Mazenc, engagement dont se portèrent garants, le 8 et le 27 septembre, Édouard, sire de Beaujeu, et Louis, seigneur de Montboissier (Arch. nat., J 288a, nos 3, 4 et 5).

4. Cf. ci-dessous, art. VII et VIII, et Arch. nat., K 55, n° 22, fol. 56 v°.

promettait également de consulter huit cardinaux sur la révocation, plus ou moins justifiée, d'un fonctionnaire de la chancellerie apostolique dont le frère, messire Guy de Pesteil, appartenait à Raymond[1].

Je le répète, les précautions semblaient bien prises pour enlever à Raymond de Turenne tout prétexte de renouveler la guerre. Cependant ce traité, conclu au prix de tant d'efforts, grâce au concours de tant d'importants personnages, et confirmé, le 23 août, par le duc de Berry, servit tout au plus à maintenir pendant quatre mois la paix dans la Provence et dans le Comtat[2].

Qui est responsable de la reprise des hostilités? Raymond de Turenne, au dire du Pape[3]; Clément VII, si l'on s'en rapporte à l'un des factums de Raymond[4].

Il paraît certain que l'agression ne vint ni de l'un ni de l'autre, mais de plusieurs seigneurs provençaux, parmi lesquels Eudes de Villars. Déjà l'on a vu ce personnage, en 1386, marcher contre Raymond; celui-ci refusa, paraît-il, de le laisser comprendre dans le traité du 5 mai 1392[5]. Eudes de Villars avait épousé Alix de Baux, comtesse d'Avellino, nièce de Raymond. De ce chef, il élevait des prétentions sur la baronnie des Baux, sur les châteaux et terres de Montpaon, de Castillon, d'Éguilles, de Puyricard, de Mouriès. Il avait même obtenu une sentence des réformateurs du Languedoc et plusieurs arrêts du Parlement qui obligeaient le comte de Beaufort à lui restituer la baronnie des Baux. En attendant l'exécution de ces jugements

1. Cf. ci-dessous, art. XX.

2. Le 31 août 1392, Pierre de Chevreuse ordonna au sénéchal de Beaucaire de marcher à la tête des milices du pays et d'empêcher que douze cents hommes d'armes des gens des compagnies qui avaient fait la guerre pour Raymond ne pénétrassent en Languedoc. (D. Vaissete, t. IX, p. 966, note d'A. Molinier.)

3. Bulle du 15 décembre 1393 (Arch. nat., P 1351, n° 694).

4. Arch. nat., K 55, n° 22, fol. 4 et suiv. — Ce factum remonte au commencement de l'été de 1396 (voy. fol. 8 r° : « Un dimenche en juing qui vendra aura trois ans... »). Je lui emprunte une grande partie des renseignements qui vont suivre. On peut en rapprocher le récit, plus bref, inséré par Raymond dans sa lettre à Jean de Vienne du 12 juillet 1393 (K 54, n° 26).

5. Voy. ci-dessous, art. V.

si préjudiciables aux intérêts des Beaufort, et dont Raymond ne cessa pas de poursuivre l'infirmation[1], Eudes de Villars avait reçu, à titre de gages, Séderon, Alais, Anduze, etc.[2]. Pour le moment, secondé par le seigneur d'Oraison et par Foulque de Pontevez, il faisait irruption sur les terres de Raymond et de son père, et, sans déclaration de guerre, leur causait un dommage que Raymond évalue à plus de vingt mille francs.

Il appartenait au Pape et à la reine de Sicile, si intéressés l'un et l'autre au maintien de la paix, de détourner dès le début ce commencement d'orage. Raymond prétend que tout autre fut leur secret dessein[3]. Il se persuade que Clément VII encourageait sous main l'attaque des seigneurs d'Oraison, de Villars et de Pontevez; il croit reconnaître parmi leurs troupes des soudoyers du Pape et de la reine. Il se plaint : les magistrats se bouchent les oreilles. Les réponses de Jean Pélerin, gouverneur de Provence, lui laissent entrevoir une entente entre la reine et Clément VII et un parti pris de ne tenir compte d'aucune de ses observations. C'est alors qu'il se décide à entrer en campagne : du premier coup, il enlève quatre ou cinq places à ses ennemis, tout en protestant de sa fidélité envers le roi de Sicile, dont il oblige ses gens d'armes à respecter les terres[4].

Provoqué ou non, Raymond donnait de nouvelles preuves de sa force. Mais il rappelait aussi, non sans quelque imprudence, que, malgré les promesses de désarmement contenues au traité du 5 mai, il avait conservé presque intacte l'armée de mercenaires qui avait fait si longtemps la terreur du Comtat[5]. Dès

1. Voy. les arguments qu'il faisait valoir (K 55, n° 22, fol. 22 v°).

2. Justel, *op. cit.*, pr., p. 127. Cf. L. Barthélemy, *op. cit.*, n°° 1626 et 1631. — Lors d'un accord qui intervint après la sentence des réformateurs, Eudes de Villars fut représenté par un personnage bien connu, M° Oudard d'Attainville (K 55, n° 22, fol. 22 r°).

3. Les relations de Clément VII avec Eudes de Villars ne sauraient être niées : au mois de mai 1390, le Pape avait nommé Eudes recteur du Comtat-Venaissin (L. Barthélemy, *op. cit.*, n° 1630), et ce rectorat dura trois ans, suivant Ch. Cottier (*op. cit.*, p. 97).

4. Ceci se passait au mois de septembre 1392, si j'en crois une indication fournie par le registre R²* 38 des Arch. nat. — Dans K 55, n° 22 (fol. 13), on trouvera les noms des capitaines au service de Raymond en 1392.

5. Cf. la bulle du 15 décembre 1393 (Arch. nat., P 1351, n° 694).

lors, dans le conseil de la reine de Sicile, à la cour d'Avignon, comme aux états de Provence, toute politique semble subordonnée au besoin d'expulser sans retard, sinon Raymond, au moins ses compagnies. Le Pape et la reine s'entendent pour mettre un certain nombre de combattants en ligne, et ils annoncent l'intention de faire la guerre à quatre ou cinq des capitaines qui servent sous Raymond. Si, en apparence, la reine Marie sépare sa politique de celle de Clément VII, rejette sur celui-ci la responsabilité d'une nouvelle guerre et l'explique par le désir qu'aurait le Souverain pontife de grouper sous son hégémonie les villes de Provence, elle n'en insiste pas moins auprès de Raymond pour le renvoi des compagnies. A leur tour, quatre cardinaux, chargés de rassurer Raymond au sujet de la concentration de troupes qui s'opère au même moment, et qui, à les entendre, n'est aucunement dirigée contre lui, — « car ilz ne lui vouloient faire ne « mal ne dommaige, mais lui vouloient faire tout plaisir et « amour, » — quatre cardinaux, dis-je, lui promettent une forte indemnité à la condition de faire déguerpir ses routiers sans retard. Enfin les gens d'Arles joignent aux offres d'argent des offres de services : ils promettent de compter à Raymond vingt-cinq mille florins et s'engagent à mettre eux-mêmes le siège devant Cadenet et Lauris-sur-Durance, qui lui ont été enlevés par les seigneurs d'Oraison et de Pontevez, pourvu que ses mercenaires évacuent la contrée. Il n'est pas jusqu'aux officiers du roi de France qui ne surveillent d'un œil inquiet les mouvements de ces bandes. Dès le 11 octobre, Hector du Caillar, bailli de Graisivaudan, se présente à la porte du château de Leyne et remet à Raymond, de la part des commissaires royaux, un ordre écrit d'avoir à faire déloger promptement ses hommes d'armes de toutes les places et terres mentionnées au traité. Raymond jette les yeux sur le papier et refuse de le lire, défend à un notaire présent d'en publier le contenu, déclare ne point connaître les pouvoirs du bailli, et ne veut prometre d'observer le traité du 5 mai que si ses adversaires en font autant. Hector du Caillar renouvelle les mêmes injonctions de vive voix et annonce à Raymond qu'en cas de désobéissance, il peut, dès à présent, considérer tous ses biens comme confisqués, soit au profit du Roi, soit, dans les terres d'Empire, au profit du dauphin, vicaire impérial[1]. Peu après, les seigneurs dauphinois reçoivent l'ordre de se trouver en armes à Grenoble, le 12 novembre, pour marcher contre les aventuriers de Raymond[2], et, au mois d'avril 1393, le sénéchal de Beaucaire est chargé de transmettre au belliqueux chevalier la défense d'entraver le commerce du sel sur le Rhône ou d'arrêter les marchands français[3].

Devant de si nombreuses prières, accompagnées de si sérieuses menaces, Raymond paraît avoir cédé. Mais il n'obtint pas du premier coup l'assentiment de ses capitaines : Jehannin le François, Gonnin de Marmignac, Guillaume Gassien, le Bourc de Verdusanne, après avoir déclaré qu'ils hiverneraient en Provence, se décidèrent à traiter directement avec Georges de Marle. Ils prirent le chemin de la Lombardie, non sans maudire l'ingratitude du chef qui les abandonnait, et non sans lui prédire sa ruine à brève échéance : « Ilz savoient bien que, au plus « tost qu'ilz auroient passé les montaignes, que le Pape et la « royne mettroient toute la paine qu'ilz pourroient à le destruire. »

Peu s'en fallut que cette prédiction ne se réalisât. Cependant le temps n'était pas encore venu, pour Clément VII et Marie de Blois, de ne garder aucune mesure à l'égard de Raymond. Loin de là ! l'on ménageait en lui, non plus le chef de bandes, mais le père d'une des plus riches héritières de France. L'unique enfant légitime de Raymond était une fille, Antoinette de Turenne : il s'agissait de la marier.

Sur cette question, comme sur beaucoup d'autres, l'entente s'était faite entre la reine et Clément VII; leur projet, qu'ils

1. Arch. nat., J 288a, n° 8. — Le même jour, à Baix, Jacques de Montmor faisait à Alix de Beaufort une déclaration analogue, qui ne paraît pas avoir été aussi mal accueillie. La comtesse reconnut que, conformément au traité, elle avait été remise en possession de ses châteaux de la rive droite et de la rive gauche du Rhône, notamment de Leyne, de Savasse et de Châteauneuf-de-Mazene (*ibid.*, n°s 6, 7 et 9).

2. A. Prudhomme, *Inventaire sommaire des Arch. dép. de l'Isère, série B*, t. II, B 3258. — Cette mesure de précaution semble avoir coïncidé avec un mouvement de retraite des troupes qui occupaient, au nom de Raymond, plusieurs châteaux du Valentinois. (Cf. A. Lacroix, *l'Arrondissement de Montélimar, géographie, histoire et statistique*, Valence, 1882, in-8°, t. VI, p. 6.)

3. D. Vaissete, t. IX, p. 966, note d'A. Molinier.

avaient eu soin, au préalable, de faire approuver par Guillaume Roger, père de Raymond, consistait à obtenir la main d'Antoinette pour le prince de Tarente, frère puîné du roi Louis II[1]. De la sorte, on assurait tôt ou tard à la maison d'Anjou la possession des domaines qui, pour le moment, faisaient de Raymond un si redoutable voisin.

La perspective d'allier son sang à un petit-fils de roi de France épouvanta plus qu'elle ne flatta Raymond. La rente de douze ou de quinze cents florins promise à Antoinette par Guillaume Roger lui paraissait insuffisante. Il entendait être respecté et servi par son gendre : un prince devant lequel « il lui fausist agenouillier » ne faisait point du tout son affaire. Il eût mieux aimé voir sa fille morte, disait-il, que de la donner à Charles de Tarente[2]. Aussi accueillit-il avec peu d'empressement les ouvertures de la reine Marie ; c'est même ce qui contribua sans doute à paralyser les efforts que faisait, vers le mois de mai 1393[3], le duc de Bourbon pour amener un accord[4]. En même temps, Raymond prêtait l'oreille à d'autres propositions, moins brillantes assurément, mais mieux faites pour lui plaire, car elles mettaient à un prix plus élevé la main d'Antoinette de Turenne.

La cour de France, malgré les embarras que lui avait cau-

1. Ce projet avait reçu d'abord, paraît-il, l'agrément de la cour de France; c'est du moins ce qu'affirme Raymond, dans l'un de ses mémoires : « Premierement, par la voulenté du Roy, le mariage fut traictié entre le « prince de Tarente et Anthoinette de Torena; et tant ala avant que « M. mon pere promist et jura le dit mariage, et y avoie bonne vou« lenté. » (Arch. nat., K 55, n° 22, fol. 31 r°.)

2. Douët d'Arcq, *op. cit.*, t. I, p. 94.

3. Les gens du duc de Bourbon s'occupèrent de ces négociations pendant un mois ou six semaines. Or, le séjour du duc de Bourbon à Avignon paraît avoir pris fin entre le 3 et le 16 juin 1393. (Voy. les documents cités par Chantelauze, en notes de son édition de La Mure, *Histoire des ducs de Bourbon et des comtes de Forez*, Paris, 1868, in-4°, t. II, p. 82; cf. *Titres de la maison ducale de Bourbon*, n° 3923.)

4. Raymond prétend que, « en la parfin, M. de Bourbon ne trouva point « de fondement ou Pape ne à Mme la royne; si alerent mander les gens « de M. de Bourbon au dit mess. Remond que le Pape et la royne avoient « plus à cuer à lui faire guerre que de aidier au roy Loys, et qu'il feroit « que saige de soi gouverner saigement et de soi advisier en ses besoignes. » (Arch. nat., K 55, n° 22, fol. 7 r°.)

sés Raymond, à diverses reprises, sur les frontières du Dauphiné ou du Languedoc, n'avait jamais cessé d'user envers lui de certains ménagements. En 1385, quand elle avait élevé quelques prétentions sur la Provence, elle considérait comme acquises d'avance à la cause française les places occupées par Guillaume Roger et par Raymond de Turenne[1]. Tout récemment, au printemps de 1392, une paix très avantageuse avait été conclue entre Raymond et ses adversaires grâce à l'intervention de Charles VI, et, dans toute cette affaire, le Pape ne passait pas, aux yeux des princes français, pour avoir complètement raison[2]. Rien de surprenant dès lors à ce que des pourparlers se soient ouverts et aient pu aboutir entre la cour de France et Raymond de Turenne au sujet du mariage de sa fille. Le parti que proposaient les oncles de Charles VI était un simple gentilhomme, mais réputé la fleur de la chevalerie, fils de maréchal de France et maréchal de France lui-même depuis dix-huit mois environ, Jean le Meingre, dit Boucicaut, le deuxième et le plus fameux de ceux qui ont illustré ce surnom. Un tel mariage répondait aux vues de la politique française ; il établissait fortement sur les rives du Rhône une des créatures du Roi ; et, de plus, il semblait combler les espérances de Raymond, puisqu'on lui promettait l'annulation de la sentence prononcée, à son détriment, par les réformateurs du Languedoc, après qu'il aurait toutefois compté vingt mille florins à Eudes de Villars[3]. Telles furent les bases de la négociation que les ducs de Berry et de Bourgogne

1. Douët d'Arcq, *op. cit.*, t. I, p. 69. — Il est question ci-dessous, dans l'art. III, de services que Raymond aurait rendus à Charles VI en Flandre : peut-être avait-il accompagné son père, en 1383, dans la chevauchée de Bourbourg. (Cf. G. Demay, *Inventaire des sceaux de la collection Clairambault*, n° 7886.)

2. Honoré Bonnet écrivait plus tard, en parlant de Raymond : « Ou « temps passé, il faisoit entendre au Roy et à nosseigneurs que la guerre « il ne faisoit que contre le pape Clement ; et, pour ce que fame estoit « que aucunement le Papes lui avoit tort, ly Roys et nosseigneurs avoient « aucunement pacience. Mais, maintenant qu'ilz voyent tout le contraire, « j'ay esperance que bien briefment il congnoistra quel courroucier fait « le sang des fleurs de lis... » (*L'apparition maistre Jehan de Meun.* Bibl. nat., ms. fr. 810, fol. 32 v°.)

3. Cf. Arch. nat., R²* 37, fol. 79 r°.

nouèrent avec Raymond dès le printemps de l'année 1393, qui nécessita la rédaction de vingt ou trente lettres et l'envoi successif en Provence de Jean de Pertuis, de Blain Loup, de Regnaudon de Ruffignac, d'Élyon de Neilhac et d'Oudard d'Attainville. Enfin l'on demeura secrètement d'accord qu'avant le 1er novembre Raymond ne disposerait point de la main de sa fille sans le congé du Roi, et que, de son côté, Charles VI accommoderait le différend de Raymond avec Eudes de Villars.

Tout eût été au mieux des intérêts communs, si, par suite d'une indiscrétion, d'une trahison, pour parler le langage de Raymond de Turenne, dont Élyon de Neilhac se serait rendu coupable, Clément VII n'avait eu vent de l'union projetée. Sa déception ne fut pas moins vive que celle de la reine Marie. On s'enquit près de Raymond ; on lui offrit la paix, s'il voulait renoncer à l'alliance de Boucicaut ; les parents que Raymond comptait dans le sacré collège furent mandés près du Pape. Clément VII leur remontra comment Raymond « vouloit perdre « sa fille... ; c'estoit par depit de lui... Si il la vouloit donner « au prince de Tarente, » le Pape lui ferait don d'une « bonne « somme d'argent. » A toutes les ouvertures Raymond opposa l'engagement qui le liait, jusqu'à la Toussaint, aux ducs de Berry et de Bourgogne.

C'est alors, ou plus exactement c'est le 25 juin 1393 qu'afin de confirmer Raymond dans ses bonnes dispositions, en même temps que pour calmer la colère du Pape, le Conseil de Charles VI, siégeant alors à Abbeville, remit à deux nouveaux ambassadeurs, Jean Blondel et Jean de Pertuis, des instructions détaillées que les érudits, par suite d'une erreur de lecture, ont tous fait remonter au 25 juin 1388[1]. Il s'agissait surtout de persua-

1. L'original, conservé aux Arch. nat., sous la cote K 53b, n° 87, porte incontestablement la date du « xxve jour de juing l'an de « grace M] CCC IIIIxx et XIII. » Il est vrai qu'au premier abord le X du mot XIII, légèrement effacé, présente quelque ressemblance avec un V, surtout avec un V moderne. Tous y ont été trompés et ont daté hardiment la pièce du 25 juin 1388, sans remarquer que le séjour de la cour à Abbeville ne peut se placer, historiquement, qu'en 1393, et qu'en tout cas le texte, qualifiant Boucicaut de maréchal, ne saurait avoir été rédigé qu'après la promotion de ce dernier, c'est-à-dire après le 23 décembre 1391. N'importe ! suivant l'exemple des archivistes anciens ou modernes

der au Pape qu'il se trouverait bien du mariage arrêté par les ducs : « Car ilz ont nourry ledit mareschal, et sont certains « qu'il ne fera fors ce qu'ilz voudront et que, li dit mariage « acompli, ledit mareschal mettra paine de retraire messire « Remon d'aucunes entreprinses qu'il pourroit faire au dom- « mage du Pappe et de l'Eglise ou de Mme la roynne de Cecille... « Et s'il advenoit que la fille dudit messire Remon feust mariée « autre part, et qu'elle espousast un homme qui ne feust pas « obeissant au Roy..., et que les chasteaulx, villes et forte- « resces dudit messire Remon venissent en estranges mains, « plusieurs dommages... s'en pourroient ensuir tant à l'Eglise, « comme au Roy, et à ladite Mme la royne, et à Messeigneurs « ses enfans. » Charles VI, en même temps, rappelait en France l'amiral Jean de Vienne, qui s'était fait le chevalier servant de la reine Marie[1], et que l'on soupçonnait, avec raison, de méditer le siège des Baux.

Cet ordre arriva trop tard. Dès le lundi 7 juillet[2], Raymond avait reçu un défi de Jean de Vienne et de ses capitaines, au nombre de trente, qui chacun le provoquaient en combat singulier. Il répondit à l'amiral en déclinant le combat, par ce motif qu'entre un « chef de guerre », comme lui, et un « soudoyer », comme Jean de Vienne, la partie n'était pas égale. Ses capitaines se chargèrent de relever les autres défis. Puis,

qui avaient écrit au dos de l'acte « 1388, » M. Jules Tardif l'a fait figurer sous cette date dans son inventaire des *Cartons des rois* (n° 1692); M. Douët d'Arcq l'a publiée in extenso avec la même date (*op. cit.*, t. I, p. 94); enfin M. A. Molinier s'en est servi pour établir, contrairement au texte de D. Vaissete et à l'opinion générale, que le mariage de Boucicaut ne doit point être placé à la fin de l'année 1393, mais bien être reporté avant le mois de juin 1388. (D. Vaissete, t. IX, p. 984, n. 3.) Cette fois, par hasard, les Bénédictins auteurs de l'*Histoire générale de Languedoc* ont raison contre leur savant éditeur.

1. Jean de Vienne écrivait ainsi à Raymond, en parlant de la reine : « Je tien et croy qu'elle est si belle, si vaillant et si noble qu'elle ne « vous a riens promis qu'elle ne vous ait tenu, s'il n'a tenu à vous... » (K 54, n° 26, fol. 2 r°.) — L'auteur de la *Chronique des quatre premiers Valois* donne à entendre (p. 335) que l'amiral servait plutôt les intérêts de Clément VII.

2. Cette date est fournie par la pièce K 54, n° 26. Raymond se trompe, dans son factum, en disant que ce fut un vendredi.

tandis que les hérauts allaient de l'un à l'autre, porteurs de répliques et de dupliques, Raymond traitant Jean de Vienne d'ivrogne « rassoté », celui-ci accusant Raymond « de mentir faussement et déloyalement par sa fausse mauvaise gorge[1], » le château des Baux, où se trouvait Raymond, subissait l'assaut d'une grande partie des troupes de l'amiral; la garnison opérait de brillantes sorties[2]; toute la force armée d'Arles et de Tarascon venait, avec les bannières de la reine, grossir la troupe de Jean de Vienne, ravager les blés et les vignes[3]. Georges de Marle, après avoir reconduit en Piémont les compagnies jadis

1. On trouvera dans le carton K 54 (n° 26) et dans l'ouvrage du marquis Terrier de Loray (*Jean de Vienne, amiral de France*, Paris, 1877, in-8°, p. CLXX à CXCII) : 1° le défi de Jean de Vienne et la réponse de Raymond, du 7 juillet, l'un et l'autre imprimés par Justel (*op. cit.*, pr., p. 125 et 126); 2° les défis de Jean de Nant et de Gérard de Bourbon, avec les réponses de Jean de Beaumarchais et de Guyot de Messac; 3° les répliques de Jean de Nant et de Gérard de Bourbon, du 9 juillet; 4° la réplique de Jean de Vienne, du 10 juillet; 5° les dupliques de Jean de Beaumarchais et de Guyot de Messac, du 11 juillet; 6° la duplique de Raymond de Turenne, du 12 juillet; 7° une troisième lettre de Jean de Vienne, avec une troisième réponse de Raymond, des 22 et 23 juillet; 8° une lettre de Raymond à Gérard de Bourbon.

2. La *Chronique des quatre premiers Valois* (*loc. cit.*) joint aux assiégeants le comte de Valentinois : « Et dit le dit amiral au dit Mgr Remond qu'il se rendist. Le dit Mgr Remond lui demanda : « Me requerez-vous « comme amiral de France, ou comme Jehan de Vienne? — Je le diz « comme Jehan de Vienne, et pour le pape Clement. — Ne au pape « Clement ne à vous je ne rendroy le chastel. Mais, se le roy de France « me mandoit que je lui rendisse, je lui rendroye. » Aprez ce, vindrent gens par ung bois à Mgr Remond de Thouraine et entrerent en chastel par une poterne secretement. Et, par ung point du jour, le dit Mgr Remond, o ses gens, vint soudainement, abatant logeiz et tentez, et desconfit cil qui l'avoient assiegé. » — Jean de Vienne passa l'automne de 1393 dans ses domaines de Franche-Comté. (Terrier de Loray, *op. cit.*, p. 263.)

3. Raymond de Turenne, dont je suis pas à pas le récit, a peut-être ici groupé des événements séparés par un assez long intervalle. Bertrand Boysset, dans ses Mémoires, nous apprend, en effet, que le siège des Baux, après avoir duré assez longtemps, fut levé, puis repris; quant au « dégât » fait par les gens d'Arles et de Tarascon, il n'aurait eu lieu que les 12, 13 et 14 mai 1394. (*Le Musée, revue arlésienne, historique et littéraire*, 3° série, Arles, 1876-1877, p. 27 et 28.)

entretenues par Raymond, mettait le siège devant Saint-Paul-lès-Durance et devant Meyrargues. Les écuyers que Raymond avait envoyés comme otages dans plusieurs villes, afin que les Provençaux pussent sans crainte se livrer aux travaux de la moisson, se voyaient partout emprisonner. L'un de ses capitaines, passant par Arles, était arrêté, tiré à la corde et noyé avec ses valets. La reine Marie déclarait que, quand Raymond lui avait refusé sa fille, elle lui aurait mangé volontiers le visage, ajoutant qu'elle voulait le jeter promptement hors du pays[1].

De son côté, Raymond renouvelait tous les excès de ses précédentes campagnes, et, reniant du même coup sa foi politique et sa foi religieuse, il faisait proclamer, sur les remparts des Baux, les deux noms abhorrés de Boniface IX, le pape de Rome, et de Ladislas de Durazzo, le concurrent de Louis II au trône de Sicile[2]. Cette manifestation, fréquemment répétée, exaspéra Clément VII. Le procès de Raymond et d'un grand nombre de ses capitaines fut entamé en cour d'Avignon. Une bulle fulminée le 15 décembre 1393 rappela les peines promulguées par Grégoire XI et par Clément VII lui-même contre les envahisseurs des états de l'Église, énuméra longuement les forfaits de Raymond, ce fils ingrat « qui crachait à la face de l'Église le lait sucé à son sein maternel, » lui enjoignit de restituer immédiatement les biens et terres usurpés, et le cita, ainsi que ses complices, au prochain consistoire, pour se voir condamner comme larrons, incendiaires, bandits et dévastateurs publics[3].

Ce fut le moment choisi par Raymond pour conclure le mariage de sa fille avec Boucicaut. Il est vrai que Charles VI, empêché

1. Suite du factum de Raymond (K 55, n° 22, fol. 8 v°).

2. Cette circonstance a toujours été passée sous silence. L'auteur de l'une des vies de Clément VII se borne à dire que Raymond reconnaissait en ce pontife le pape légitime. (Baluze, t. I, c. 532.)

3. Arch. nat., P 1351, n° 694. — Relevons, en passant, une des nombreuses erreurs de Bouche : il prétend (*op. cit.*, t. II, p. 416) que Clément VII avait excommunié Raymond avant 1390. — Au sujet des profanations commises par les soldats de Raymond, voy. le P. Boyer de Sainte-Marthe, *Histoire de l'église cathédrale de Saint-Paul-Trois-Châteaux*, Avignon, 1710, in-4°, p. 154.

par la maladie ou par des affaires plus urgentes, n'avait pu encore faire annuler les sentences rendues jadis au profit d'Eudes de Villars et d'Alix de Baux; mais l'engagement en était pris et renouvelé, à plusieurs reprises, par les ducs de Berry, de Bourgogne et d'Orléans, qui, en outre, promettaient d'intervenir en faveur de Raymond dans sa querelle avec le Pape et la reine de Sicile. Boucicaut lui-même prenait à sa charge les coûts et dépens de l'affaire et s'engageait à obtenir, dans le délai d'un an, l'annulation tant désirée; les envoyés de la cour de France se portaient garants de cette promesse, et Boulbon, un château acheté par Boucicaut sur la rive gauche du Rhône, devait, à toute réquisition, ouvrir ses portes à Raymond et même lui être livré, à partir du 1er avril 1394, jusqu'à l'accomplissement définitif des clauses du traité. Raymond abandonna donc à sa fille tous ses droits sur le comté d'Alais, sur les terres et baronnies d'Anduze, de Portes-Bertrand et de Sainte-Étienne-Valfrancesque[1], en Languedoc, se réservant, à la mort de son père, de lui donner, en échange, le comté de Beaufort-en-Vallée. Le mariage fut célébré, la veille de Noël, dans la chapelle du château des Baux[2]. Raymond reconduisit son gendre jusqu'à Baix, en Vivarais, et, comptant sur lui pour recouvrer les places de Charlus[3], de Montredon et de Champagnac, en Auvergne, dont le duc de Berry consentait à se dessaisir en sa faveur, il lui donna une procuration, conçue dans les termes les plus larges, de telle façon que Boucicaut pût se faire livrer tous les châteaux de son beau-père. Le maréchal se répandit en offres de services,

1. Auj. Saint-Étienne-Vallée-Française (Lozère, cant. Saint-Germain-de-Calberte).

2. Arch. nat., R²* 37, fol. 79 et suiv.; Baluze, *Hist. généalog. de la maison d'Auvergne*, t. II, p. 219; Justel, *op. cit.*, pr., p. 127. — Pilham (*Histoire du maréchal de Boucicaut*, Paris, 1697, in-8°, p. 7) et Papon représentent le mariage de Boucicaut sous des couleurs romanesques : « C'étoit, » dit ce dernier en parlant d'Antoinette de Turenne, « une des plus « belles femmes du royaume. Boucicaut, avant son mariage, l'avoit célébrée « en vers de plus d'une manière; et, dans les tournois, il avoit rompu plus « d'une lance pour soutenir qu'elle n'avoit point d'égale. » (*Op. cit.*, t. III, p. 290; cf. Terrier de Loray, *op. cit.*, p. 262.) Le passage du *Livre des faicts* visé dans ce passage ne se rapporte aucunement à la fille de Raymond.

3. Cantal, cant. Saignes, comm. Bassignac.

en protestations de reconnaissance : Raymond lui avait fait un si grand honneur en lui donnant la préférence ! S'il possédait deux cents châteaux, il les livrerait à Raymond ; il ne manquerait pas de courir au secours de son beau-père, dût-il pour cela résigner son office de maréchal de France : « Et par Dieu, Monsieur, « vous me faittes grant honour de me baillier vostre procuration, « qui est si forte qu'elle ne puet plus... Mais je vous jure, par « ma foy, que je ne feray jà chose de la dicte procuracion, si non « tout par vostre voulenté. » Boucicaut baisa son beau-père sur la bouche, et ils se séparèrent fort contents l'un de l'autre.

Il arrive quelquefois qu'on se repent d'un marché, à peine est-il conclu. Boucicaut ne tarda guère à être, aux yeux de Raymond, un traître dont celui-ci ne pouvait énumérer « toutes les tricheries, desloiautés et barateries. » Si l'on veut voir le héros de Roosebeke et de Nicopolis peint sous des traits bien différents de ceux auxquels ses biographes nous ont accoutumés, il faut lire les jugements portés sur lui par son beau-père : c'est, du reste, une page de la vie de Boucicaut sur laquelle l'auteur du *Livre des faicts* garde un silence prudent.

Une fois en possession de la dot de sa femme et de la procuration de Raymond, le maréchal n'aurait plus songé à tenir aucune de ses promesses. Au lieu de reconduire son beau-père jusqu'aux Baux, il se serait hâté de retourner en France, sous prétexte de répondre à un appel du Roi. Raymond, réduit à descendre le Rhône dans une barque, avec deux compagnons, manqua de se noyer et n'échappa que par miracle aux galères du Pape. Des cent vingt hommes d'armes, des quarante arbalétriers que devait lui envoyer Boucicaut, point de nouvelles, non plus que des chargements de grains qui devaient servir à ravitailler Boulbon. Le capitaine de cette dernière place trouvait d'excellentes raisons pour en différer la remise et, finalement, pour en rendre le séjour impossible à Raymond. En revanche, Boucicaut tentait, à l'aide de la procuration qui lui avait été donnée, de s'emparer de Pontgibaud, l'un des châteaux que son beau-père possédait en Auvergne[1], et celui-ci lui attribuait

1. Circonstance ignorée de M. Ambr. Tardieu (*Pontgibaud en Auvergne*, Moulins, 1882, in-4°, p. 65).

l'initiative de plusieurs mesures prises par les autorités françaises pour interdire à ses gens le passage du Rhône, ou pour empêcher ses hommes d'armes d'Auvergne, de Limousin, de Quercy de venir à son secours[1]. Enfin, et ce fut peut-être le plus sérieux des griefs de Raymond, les délais prévus par le contrat étaient depuis longtemps expirés, et Boucicaut n'avait point encore obtenu de la cour de France l'annulation des fameuses sentences prononcées en faveur d'Eudes de Villars et d'Alix de Baux[2].

Tandis que les espérances qu'il avait fondées sur le mariage de sa fille s'évanouissaient les unes après les autres, Raymond continuait d'être en butte au ressentiment de la Curie[3]. Une bulle du 16 avril 1394, publiée à son de trompe et affichée aux portes de la cathédrale d'Avignon, renouvela toutes les anciennes sentences contre les persécuteurs de l'Église, tels que Pierre Tomacelli (Boniface IX) et Marguerite de Durazzo, mais s'attaqua plus particulièrement à Raymond de Turenne et à ses complices : elle les déclara privés de tout bénéfice et incapables d'en acquérir, leur enleva le droit de tester, confisqua leurs biens au profit des suzerains ou du fisc, défendit de leur fournir des vivres ou des armes, de leur adresser même la parole, et mit l'interdit sur les lieux de leur résidence[4]. Vainement, au mois de mai,

1. Je résume sommairement un des mémoires de Raymond, malheureusement incomplet. (Arch. nat., K 55, n° 22, fol. 31 à 33.) — Dès le mois d'octobre 1393, ordre avait été envoyé au sénéchal de Beaucaire d'empêcher à tout prix les gens d'armes de passer le Rhône pour aller renforcer les troupes de Raymond; cet ordre fut renouvelé au mois de janvier et le 26 avril 1394. (D. Vaissete, t. IX, p. 966 et 970.)

2. Arch. nat., K 55, n° 22, fol. 23 v°.

3. Boucicaut et Guy de la Trémoïlle s'étaient entremis inutilement pour faire la paix de Raymond avec la cour pontificale : « Et là vint Piquet, « qui me aporta lettres dudit sire de la Trémoille et du mareschal, en quoi « estoit contenu le traitté de la paix d'entre le Pape et moy. Et, après « pluseurs parolles, je alay dire que j'en ferois riens : car je veoie que « ce n'estoit que ma decevance, se je le feisse... Ilz vouloient que je leur « baillasse et me dessaisisse de mes chasteaux et les meisse ès mains « dudit sire de la Tremoile et dudit mareschal. » (K 55, n° 22, fol. 32 r°.) — Sur les bonnes relations qui existaient entre Boucicaut et Guy de la Trémoïlle, voy. un acte du 23 février 1395 (duc de la Trémoïlle, *Guy de la Trémoïlle et Marie de Sully*, Nantes, 1887, in-4°, p. 196).

4. Arch. nat., P 1351, n° 696.

les ducs de Bourgogne, d'Orléans et de Bourbon, fort ennuyés de cette interminable querelle, décrétèrent, en séance du Conseil, le maintien du traité de 1392, annoncèrent que le Roi demeurait seul juge des griefs anciens ou nouveaux, et tentèrent d'imposer la cessation immédiate des hostilités; vainement ils envoyèrent, comme messagers de paix, des personnages considérables : Philippe de Moulins, évêque de Noyon, Enguerran, sire de Coucy, Jean de Trie et Jean de Sains. Raymond aurait volontiers accepté l'arbitrage royal, pourvu que le jugement ne se fît pas trop attendre, et qu'on lui rendît les chartes volées aux Baux, les places prises en Provence durant la dernière guerre. Le Pape lui-même se montrait assez accommodant, bien qu'il déclarât ne rien savoir des chartes en question. Mais les exigences de Marie de Blois rendirent la paix impossible : elle refusa de se dessaisir, même entre les mains d'une personne neutre, d'aucune des places prises sur Raymond, les déclarant dûment acquises au domaine provençal, à moins que, de son côté, Raymond n'abandonnât les Baux, Roquemartine, Meyrargues, Châteauneuf-de-Mazenc, en un mot tout ce qui lui restait sur la rive gauche du Rhône. A ce prix seulement, elle promettait, d'accord avec le Pape, dix ou onze mille francs pour faciliter le départ des soudoyers de Raymond (10 juillet 1394)[1]. Les négociations furent donc rompues, et Clément VII, dont cette guerre, dit-on, abrégea les jours[2], employa les derniers mois de sa vie à aggraver, par de nouvelles bulles, la condamnation déjà portée contre son infatigable adversaire : Raymond et ses principaux capitaines, les Gantonnet d'Abzac, les Guillaume Pot, les Tristan Roger, furent déclarés déchus de la dignité de chevalier; les complices de Raymond et Raymond lui-même condamnés au célibat perpétuel; leurs descendants mâles privés du droit de tenir un fief, ou de remplir un office public, jusqu'à la deuxième génération; les sujets du Pape

1. Je tire ces renseignements de pièces qui m'ont été obligeamment communiquées par notre confrère M. Henri Lacaille.

2. Instructions de Benoît XIII citées, d'après un ms. du Vatican, par Seb. Fantoni-Castrucci (*Istoria della città d'Avignone e del Contado Venesino*, Venetie, 1678, in-4°, t. I, p. 272).

encouragés à s'emparer de leur personne, en respectant toutefois leur vie et en évitant de les « mutiler[1]. »

La guerre que Raymond de Turenne faisait au Souverain pontife empêcha Clément VII, au dire d'un de ses biographes, de pourvoir, comme il l'aurait voulu, à l'extinction du grand schisme[2]. Après la mort de ce pontife (16 sept. 1394), empêcha-t-elle également les cardinaux avignonnais de différer, suivant le vœu de la cour de France et suivant l'intérêt de l'Église, l'élection d'un nouveau pape? C'est ce que donne à entendre Jouvenel des Ursins; ou du moins, c'est l'excuse qu'il place dans la bouche des cardinaux : « Il leur falloit un chef...; messire Raymon de Turenne, qui se disoit neveu du feu Pape, « leur menoit guerre très grande et avoit pris, par la vaillance « de son corps, plusieurs places ausquelles il avoit mis garni- « sons : par quoy il tenoit les cardinaux, en Avignon, en grand « subjetion. » Il est certain que la cour de France avait prévu le danger, l'objection si l'on veut, et tenté de l'écarter. Dans le conseil tenu, le 23 septembre, à Paris, le duc de Berry avait fait remarquer combien il importait d'écrire et d'envoyer à Raymond « afin qu'il cessat de faire guerre au College et à la royne. » Chose curieuse, le choix du Conseil tomba sur Boucicaut. Était-ce pour donner satisfaction au vicomte de Melun qui avait, dans le même conseil, exprimé le désir que les ambassadeurs envoyés

1. Arch. nat., P 1351, n° 697. — Suivant Pithon-Curt (*op. cit.*, t. IV, p. 358 et 361), un jugement rendu par Clément VII, en 1394, enleva la seigneurie des Baux à Raymond de Turenne et l'attribua à François de Baux, seigneur d'Aubagne.

2. Baluze, *op. cit.*, t. I, c. 532. — Il est certain que, pendant la dernière année de sa vie, Clément VII fit des armements considérables pour combattre Raymond et Alix de Beaufort. La prise de Savasse et celle de Leyne (juin 1394), peu après remis aux mains du roi de France (voy. ci-dessous art. XXXVII), furent les principaux fruits de cette campagne. Un assaut donné à Châteauneuf-de-Mazenc (29 juillet) fut repoussé par Tristan de Beaufort, et le blocus qui s'ensuivit ne paraît pas s'être terminé à l'avantage des assiégeants. (A. Lacroix, *op. cit.*, t. VI, p. 8 et suiv.; cf. t. II, p. 51, 52 et 62.) Cependant Tristan, vivement poursuivi par le gouverneur du Dauphiné, fut obligé de mettre bas les armes et obtint, au mois de décembre de la même année, des lettres de rémission de Charles VI. (Arch. nat., JJ 146, n° 421, document cité par M. A. Molinier, *Hist. de Languedoc*, t. IX, p. 966.)

en Provence « fussent gens qui n'y eussent que faire fors ce que on leur auroit enchargié [1]? » Tout au contraire, les médisants insinuaient que Boucicaut avait de graves intérêts à régler dans le Midi, et qu'il avait manœuvré de façon à se faire choisir[2]. En tous cas, il partit, se faisant fort de conclure la paix entre l'Église et Raymond; et, quand la nouvelle de l'élection de Benoit XIII parvint en France, il reçut l'ordre néanmoins de continuer son voyage[3].

Il ne paraît pas cependant avoir ramené la paix dans le Comtat-Venaissin. Raymond continua, ou recommença bientôt à faire, comme on disait alors, la guerre au pape sans Rome et au roi sans couronne[4]. Benoit XIII et Louis d'Anjou durent s'allier aux états de Provence pour lui opposer une résistance efficace. Un impôt de soixante-dix mille florins, levé même sur les seigneurs, prélats et cardinaux, servit à mettre sur pied quatre corps d'armée, payés à raison de quinze florins par lance[5]. En même temps, le procès criminel de Raymond de Turenne fut entamé, cette fois devant la juridiction laïque du sénéchal de Provence.

Les charges étaient lourdes : le fait d'entretenir aux Baux, à Castillon, à Pertuis un ramassis de vils brigands recrutés dans tous les pays, et qu'au besoin il renforçait des troupes de Meyrargues et des Pennes, autres repaires de bandits, les nombreux meurtres qu'il avait commis, notamment celui de Jean

1. D. Martène, *Veterum scriptorum amplissima collectio*, t. VII, c. 482. Cf. *Religieux de Saint-Denys*, t. II, p. 194.

2. C'est ce qui résulte d'une lettre du comte de Valentinois que M. Paul Fournier a eu l'extrême obligeance de copier, pour moi, sur le ms. 1428 de la bibliothèque de Grenoble (n° 843) : « Le mareschal Bouciquaust s'enz va « à court de Romé de par le Roy, combien que autres y alassent; mais, « pour la grant importunité qu'il a fait au Roy, yl a falu qu'il i soit « alez. Et ledit mareschal ce fait fort qui fera la paix de l'Esglise et de « Mosen Reymont. Et vous povez bien pancer à quel fin y le fait... »

3. *Ampliss. collect.*, *loc. cit.*

4. Jouvenel des Ursins, qui rapporte ce propos (*loc. cit.*), ajoute : « Et « au prince d'Orange sans terre; car toutes ses terres estoient occupées. »

5. Papon, *op. cit.*, t. III, p. 290. — Est-ce alors que le Pape fut taxé à 50,000 fr. par les états de Provence? (L. Blancard, *Inventaire des archives du département des Bouches-du-Rhône*, B 49, reg. *Potentia*.)

de Chazeron, précipité, ainsi que tant d'autres, du haut du rocher des Baux, des rapts, des adultères, des sacrilèges, des incendies, des « courses » en Provence et dans les pays adjacents, où de nombreux chrétiens se voyaient réduits au désespoir par « cet ennemi des âmes aussi bien que des corps, » la violation de son serment, le crime de lèse-majesté constituaient autant de chefs d'accusation sur lesquels il devait répondre le 21 décembre 1394. L'assignation fut publiée, à son de trompe, à Tarascon, à Arles, à Saint-Remy, et affichée nuitamment aux portes du château des Baux. Le 22 décembre, Raymond de Turenne n'ayant point comparu, le sénéchal Pierre d'Acigné, siégeant à Tarascon, déclara ses biens et ses terres confisqués au profit de Louis II, affranchit les sujets provençaux de toute obligation envers le coupable, enfin prononça contre lui une condamnation capitale qui devait recevoir son exécution aussitôt (et cela ne tarderait guère) que Raymond serait tombé aux mains des officiers du roi[1].

On ne voit donc pas bien clairement les avantages qui résultèrent du voyage de Boucicaut, pour la paix générale s'entend. Si l'on se place, au contraire, au point de vue particulier des intérêts du maréchal, le bénéfice de son séjour apparaît bien plus nettement. Il a fait agréer, le 15 novembre, par la reine Marie, son hommage du comté et du château de Beaufort, qu'une donation récente de Guillaume Roger (28 septembre) avait transportés en ses mains et en celles d'Antoinette, sa femme, au grand détriment de Raymond, son beau-père[2].

La guerre ne prit fin que vers le mois de février 1395. Henri de Marle, président, et Pierre le Fèvre, conseiller au parlement

1. Arch. nat., P 1351, n° 695. — A défaut de cette sentence, qu'il ne connaît point, Papon cite (t. III, p. 291) un acte du mois de mars 1395 par lequel la tête de Raymond aurait été mise à prix. Les négociations qui s'engagèrent, comme on va le voir, dès le mois de février 1395, me font douter de l'exactitude de cette indication.

2. Justel, *op. cit.*, pr., p. 138 et 139. — La première impression de Guillaume Roger avait pourtant été mauvaise, quand il avait appris le mariage de sa petite-fille Antoinette : « M. mon pere, écrit Raymond, me ala man« der que j'avoie mal fait d'avoir marié la mareschalle si meschanment « et à sy grant honte et deshonneur et honte de nostre lignage. » (Arch. nat., K 55, n° 22, fol. 31 v°.)

de Paris, furent envoyés à Pertuis, auprès de Raymond de Turenne, pour négocier la paix. Par malheur, cette ambassade donna lieu à un incident qui, sous la plume de l'intéressé, revêt tous les caractères d'un odieux guet-apens. Je reproduis son récit, sans en garantir l'exactitude. Deux des hommes de Raymond, Paul Triboulet et Jean David, avaient été chargés d'escorter les négociateurs ; forts des assurances recueillies de la bouche même de Benoît, ils s'en retournaient en Avignon, le 15 février, quand, aux approches de la ville, ils se virent assaillis par une troupe d'hommes armés, parmi lesquels un écuyer du cardinal de Viviers. Emmenés aussitôt au château de Mornas, propriété du Pape, ils furent mis aux fers ; l'un d'eux, Paul Triboulet, « jeté en la fosse male et profonde. » Bientôt arriva l'ordre de Benoît de les tenir sous clef, et, chose plus grave encore, le trésorier du Pape s'empara de tous les titres et mémoires dont ils étaient porteurs et dont ils devaient s'aider, en cour romaine, pour soutenir les revendications de leur maître[1].

Les pourparlers continuèrent néanmoins, et les trente-sept premiers articles de la pièce donnée en appendice sont précisément les demandes que Raymond adressait à la cour d'Avignon vers la seconde partie du mois d'avril 1395 : demande de liberté pour Paul Triboulet et Jean David (art. XXVIII et XXXIII) ; demande de réparation et de restitution pour la comtesse douairière de Valentinois (art. XXXVII) ; demande de réintégration en la charge de grossateur pour maître Pierre Vincent (art. XXI) ; demande d'office pour le frère du chevalier Guy de Pesteil (art. XX) ; demande de bénéfices pour Pierre Morgant (art. XIX) ; demande de justice pour Jean Panival (art. VI) ; demande d'argent pour les héritiers de « Jean de les Ages » (art. XXII), pour les écuyers Pierre Mauroux et Yves Trébignon (art. XXIII à XXVII), et surtout pour Gantonnet d'Abzac, qui, avant de commander les bandes de Raymond, avait guerroyé en Italie comme capitaine général à la solde de l'Église, puis avait servi sous Clément VII dans la guerre de Provence, contre les Tuchins et au siège d'Aix (art. XIII à XVIII). Si Raymond pensait aux siens, il n'avait garde de s'oublier lui-même : c'étaient des

1. Voy. ci-dessous, art. XXVIII, XXXIX et XL.

créances remontant au règne de Grégoire XI (art. I et XXXIV); des ornements, des joyaux et des tapis de Turquie qu'il prétendait lui avoir été donnés lors du départ de ce pape pour l'Italie (art. IV); son père et lui avaient prêté de fortes sommes au saint-siège sous Grégoire XI et sous Clément VII (art. IX et XI); lui-même avait servi en Italie pour le compte de l'Église[1] (art. X). Puis, à Avignon, sans sa permission et sans celle de son père, le cardinal de Thurey, depuis plusieurs années, occupait leur hôtel de Turenne (art. XII). La Chambre apostolique devait lui répondre des dettes du changeur André de Tix (art. VII et VIII), ainsi que des dommages que lui avaient causés, depuis 1392, les agressions d'Eudes de Villars (art. V). Clément VII avait violé la paix jurée (art. XXX) et lui avait retenu les revenus des bénéfices de Saint-Remy, de Pertuis et de Pélissanne (art. XXXVI). Raymond demandait, en tout, plus de deux cent mille francs, une absolution générale et publique, l'annulation des sentences prononcées contre lui et ses gens au mépris de tout droit (art. XXXII), la restitution des chartes et des titres qui lui avaient été enlevés par Jean de Trie et sur lesquels se fondaient une grande partie de ses réclamations (art. XXXI)[2].

Ces demandes furent examinées par les officiers du Pape, et je les ai retrouvées, dans un manuscrit de la *Collection de Périgord*, accompagnées des réponses de la Curie. Sauf en ce qui concerne Paul Triboulet et Jean David, déjà remis en liberté, ce sont autant de fins de non-recevoir. La plainte d'Alix de Beaufort est renvoyée au Roi-dauphin. Des protégés de Raymond, les uns ont été justement punis, comme serviteurs d'un ennemi de l'Église, les autres peuvent se passer de son intervention : tel est Gantonnet d'Abzac, qui a déclaré s'en rapporter personnellement à Benoît XIII. Le Souverain pontife n'est responsable

1. Raymond paraît avoir été nommé, vers 1376, capitaine général des troupes du Comtat (Ch. Cottier, *op. cit.*, p. 90). Au sujet de son rôle en Italie, M. Henri Lacaille a recueilli d'importants documents, qu'il doit faire connaître dans un ouvrage sur *Enguerran VII, sire de Coucy*.

2. A deux reprises déjà, Raymond s'est plaint d'avoir été dépouillé de ses titres; cette fois il rend responsable du vol Jean de Trie, l'un des négociateurs envoyés par Charles VI au mois de mai 1394.

ni des attaques d'Eudes de Villars, ni de l'enlèvement du chartrier : simple fait de guerre qui s'est produit à une époque où Raymond était en lutte ouverte avec l'Église. Dans les autres demandes, on relève des contradictions, des inconséquences, des défauts de preuves. La paix de 1392 a été violée, non par Clément, mais par Raymond ; et, quand celui-ci s'occupera de réparer les graves dommages qu'il a causés à l'Église, l'Église pourra peut-être songer à reviser son procès.

La situation resta donc à peu près la même, et les années suivantes n'offrent guère que la répétition d'incidents déjà connus. Gantonnet d'Abzac s'intitulait pompeusement « vicaire et capitaine general ès contés de Provence et Forcalquier pour noble et puissant seigneur messire Raymond, viconte de Turenne et de Valerne et seigneur de la ville et baronnie de Pertuis[1]. » Quand les bandes de Raymond étaient lasses de combattre, elles se laissaient nourrir par le pays, trop heureux d'acheter à ce prix un peu de tranquillité; c'est ainsi qu'au mois de décembre 1395, Arles, Tarascon, Toulon, Marseille conclurent des « patis » avec les compagnies répandues dans les forteresses des Baux, de Roquemartine, de Pertuis, de Vitrolles, de Roquefure, tandis que la partie militante des troupes de Raymond, trois cents combattants au moins, s'en allait continuer la guerre sur la terre du prince d'Orange[2]. Puis un nouvel accord, du 11 mars 1396, semblait promettre l'établissement d'une paix plus durable, au moins entre Raymond, le roi de Sicile et la Provence : Raymond rendait le château de Vitrolles, recouvrait en revanche Saint-Remy et les terres Baussenques, les cens jadis possédés par les seigneurs des Baux

1. Arch. nat., K 55, n° 22, fol. 16 r°. — Vers cette époque, Raymond se vantait d'avoir en Provence cinq cents combattants de plus qu'autrefois et de pouvoir facilement s'en procurer encore mille autres. (Ibid., fol. 29 v°.)

2. Ibid., fol. 16 r°, 18 v°, 44-46. — Raymond réclamait à Jean de Chalon, prince d'Orange, une partie de l'héritage de Catherine de Baux, dame de Courthezon et de Gaudissart, morte en 1393, sans postérité, et dont les terres avaient été confisquées, dès 1365, au profit de Raymond de Baux V, prince d'Orange. Elle avait donné à Guillaume Roger de Beaufort, le 12 novembre 1375, son château de Gaudissart. (L. Barthélemy, *op. cit.*, p. XIX, 412 et suiv.)

à Tarascon, à Aureille, à Sénas et à Pélissanne, le péage de Bouc, le port du Puy-Sainte-Réparade, Éguilles, Puyricard, Gaudissart, Séderon et une moitié de la vicomté de Valernes; durant la trêve, il touchait, chaque mois, quatre mille francs; l'évacuation de ses compagnies devait coûter à la Provence de quarante à soixante mille francs; toutes les difficultés restaient soumises, en dernier ressort, à l'arbitrage du duc d'Orléans[1]. Mais, comme d'habitude, cette paix n'était que le prélude d'une nouvelle guerre. Un Arlésien déclare qu'on ne saurait estimer le dommage causé, vers cette époque, par les gens d'armes de Raymond, et il affirme que, sans une trêve conclue par la ville d'Arles le 7 décembre 1396, le pays environnant risquait d'être entièrement dévasté[2]. On signale, en cette même année et en la suivante, des armements considérables du côté de la Provence, une démarche infructueuse de Reforciat d'Agoult auprès d'Éléonor de Comminges, les sièges de Vitrolles et de Meyrargues[3]. Le 27 avril 1397, Georges de Marle, sénéchal de Provence, se disposait à marcher contre les Baux et Roquemartine, repaires toujours occupés par les « vils brigands (*latrunculi*) » de Raymond de Turenne[4]. Il mettait, le 30 juillet, le siège devant Pertuis, et s'en emparait au bout de dix-huit jours, grâce peut-être à certaine bombarde qui lançait des pierres de trois « quintaux ». Les gens d'Arles et de Tarascon n'osaient faire la vendange que sous la protection de petits corps d'armée soudoyés à cet effet, précaution dont l'événement démontra la nécessité. Enfin ils ne tardèrent pas à élever à Saint-Hippolyte-de-Moulès une sorte de redoute ou d'observatoire fortifié, dont la garnison, nuit et jour, veillait sur les vignes de la Crau[5].

Raymond, de son côté, renouvelait ses attaques contre les États de l'Église, détroussait de plus belle voyageurs et pèlerins et, qui pis est, s'emparait du château de la Fare, en plein Comtat-Venaissin. Force fut à Benoît XIII de recourir aux moyens

1. Arch. nat., K 55, n° 22, fol. 12 r°; cf. *ibid.*, fol. 1 et 52.
2. *Mémoires de Bertrand Boysset*, *loc. cit.*, p. 44.
3. Papon, t. III, p. 293.
4. Arch. des Bouches-du-Rhône, B 1808 (communication de M. F. Reynaud).
5. *Mémoires de Bertrand Boysset*, *loc. cit.*, p. 50 et 51.

employés, sans beaucoup de succès d'ailleurs, par son prédécesseur : une bulle du 20 août 1397 assigna, pour le 19 octobre, Raymond et ses complices, afin qu'ils fussent interrogés au sujet de leur foi, qu'une si longue obstination rendait singulièrement suspecte. Un consistoire se tint à la date indiquée; deux cardinaux sortirent du palais d'Avignon, pour appeler à haute voix Raymond et ses complices, et Benoît XIII, encouragé par une récente victoire[1], fulmina contre eux l'excommunication[2]. Le 15 février suivant, mêmes formalités, même appel fait aux portes du palais des papes; du coup, l'interdit fut jeté sur tous les lieux où résidaient Raymond et ses complices; les curés durent, chaque dimanche et chaque jour de fête, faire porter processionnellement une civière devant la porte des excommuniés ou, tout au moins, à travers les chemins, en chantant le psaume CIX, plein d'amères imprécations, puis lancer à terre trois cailloux, en signe de malédiction éternelle[3].

Quelques mois s'écoulèrent, et aux mesures de rigueur succédèrent les propositions de paix. Le cinquante-septième feuillet d'un petit registre conservé dans les *Cartons des Rois* contient un fragment de charte à moitié effacé : j'en ai pu déchiffrer juste assez pour apprendre qu'au mois de juin 1398, quatre cardinaux furent pris pour arbitres par les envoyés de Raymond et par le Camerlingue, représentant de la Chambre apostolique[4]. Ils eurent à examiner, sous une forme plus développée parfois, les demandes déjà produites par Raymond trois ans auparavant. Bien qu'elles ne semblent pas avoir reçu un accueil beaucoup plus favorable qu'en 1395, la paix, tant désirée, se serait

1. Averti à temps du passage à Cadolet d'un des capitaines de Raymond, commandant quatre-vingt-dix lances, le gouverneur du Comtat avait appelé en toute hâte les troupes de Raymond de Mondragon, qui, tombant à l'improviste sur les soldats du vicomte, n'en laissèrent pas échapper un seul. (Ibid., p. 51.)

2. Arch. nat., P 1351, n°s 697 et 698. — Justel, au contraire, prétend qu'en 1397 Raymond fut absous par Benoît XIII (*op. cit.*, p. 68).

3. Arch. nat., P 1351, n° 699.

4. Arch. nat., K 55, n° 22, fol. 57 v°. — L'effectif des troupes de Raymond avait diminué : au mois d'avril, cent quarante de ses hommes d'armes avaient été dirigés sur la Camargue et sur le Languedoc. (*Mémoires de Bertrand Boysset, loc. cit.*, p. 51.)

peut-être faite. Mais la papauté d'Avignon traversait alors une crise qui compromettait plus que son repos, son existence même. La cour de France était lasse d'assister aux tergiversations des deux pontifes qui se partageaient l'Église : dans l'espoir d'abréger le schisme, elle venait de retirer son obédience à Benoît XIII. Abandonné de presque tous ses cardinaux, ce pape allait être assiégé, dans son propre palais, par Geoffroy le Meingre, frère du maréchal Boucicaut [1].

C'était pour Raymond de Turenne une trop belle occasion de reprendre la campagne. Froissart le nomme parmi ceux qui se joignirent à Geoffroy le Meingre [2]. J'ai, en effet, trouvé trace d'une *promesse* qu'auraient faite, à ce moment, les soldats de Raymond de le servir envers et contre tous, particulièrement contre le Pape [3].

Dans tous les cas, ce fut un des derniers exploits de Raymond sur les terres de l'Église. Privé des secours qu'il attendait de France (le sénéchal de Beaucaire avait pour consigne de barrer le chemin à tout renfort), rejeté en Vivarais et en Velay, il fut assiégé, en 1400, dans le château de Bouzols, par Pons de Langeac, chambellan du duc de Berry [4]. En même temps se poursuivait et se consommait l'œuvre de sa spoliation au profit de Boucicaut, son gendre, et d'Antoinette, sa fille [5], que Raymond n'avait pas attendu jusque-là pour déshériter et désavouer [6]. Boucicaut avait conclu, le 7 juillet 1399, un traité

1. Et non pas le maréchal lui-même, comme on le croit généralement. Le P. Ehrle, qui vient de mettre ce dernier point en lumière (*Archiv für Literatur und Kirchengeschichte des Mittelalters*, Bd. V, Heft 3, 1889, p. 465), aurait pu citer à l'appui de sa thèse le témoignage de Boysset.

2. Éd. Kervyn de Lettenhove, t. XVI, p. 126.

3. Arch. nat., R²* 38.

4. Voy., pour plus de détails, D. Vaissete, t. IX, p. 983, et Arch. nat., R² 40. Cf. Douët d'Arcq, *op. cit.*, t. I, p. 139.

5. Aussitôt après la mort de Guillaume Roger (27 mars 1395), Boucicaut s'était fait envoyer en possession du château et du comté de Beaufort (voy. l'ordre de Charles VI, du 8 avril [1395], Arch. nat., K 55, n° 22, fol. 16; cf. ibid., fol. 39 et 51). Les châteaux de Bouzols et de Fay, également livrés à Boucicaut vers cette date (K 55, n° 22, fol. 51), firent ensuite retour à Éléonor de Comminges (ibid., fol. 50) ou à Raymond de Turenne (R²* 38).

6. Le 17 novembre 1395, Raymond fait jurer à un nouveau capitaine à

par lequel il s'engageait à réduire en l'obéissance de la reine les Baux, Roquemartine et autres places encore occupées par son beau-père, à embarquer pour Constantinople, s'il pouvait les y décider, les routiers guerroyant en Provence et à barrer le passage du Rhône aux troupes levées par Raymond sur la rive languedocienne[1]. Peu de temps après, il recevait en don la seigneurie des Pennes[2], et, dès la même année, ses domaines provençaux comprenaient Pertuis, Pélissanne, Saint-Remy, etc.[3]; enfin, en 1401, il se faisait amener la mère de Raymond, prisonnière à Aix, pour négocier avec elle la cession de Meyrargues[4]. Quant aux Baux et aux châteaux de Montpaon, de Castillon, de Mouriès, de Séderon, d'Éguilles, etc., ils paraissent avoir été attribués à Eudes de Villars et à Alix de Baux[5]. Ainsi se

qui il confie la garde du château de Montvalent (Lot, canton de Martel) de ne jamais remettre ce château, ni à Boucicaut, ni à Antoinette, que dès à présent il déshérite : « Et ceste privacion, disoit..... qu'il l'avoit « faite et faisoit par pluseurs causes raisonnables qui à ce faire le mou- « voient, et par les grans mauvaistiez, ingratitus qu'il disoit que elle, « enluminée de l'art du deable, avoit fait audit M. le conte... » Raymond accusait alors Boucicaut d'avoir fait mourir de douleur son père, Guillaume Roger, et d'avoir cherché à le faire périr lui-même (K 55, n° 22, fol. 14 v°). — Le 5 juillet 1399, il fait son testament, par lequel il renie de nouveau et déshérite sa fille et institue comme héritiers sa sœur Éléonor et le duc d'Orléans (A. Vayssière, *Documents relatifs à l'histoire de la maison de Turenne*, dans le *Bulletin de la Soc. scientif., histor. et archéol. de la Corrèze*, t. VII, 1885, p. 359-378). Justel, toujours plein de ménagements pour la maison dont il écrit l'histoire, interprète ainsi cette pièce : Raymond fit sa sœur Éléonor son héritière universelle « en cas qu'Antoinette de Beaufort, sa fille unique, mourust sans enfans. » (*Op. cit.*, p. 70.) Expilly va plus loin : à l'entendre, le testament du 5 juillet 1399 fut fait en faveur d'Antoinette. (*Dictionnaire géographique des Gaules*, t. I, p. 83.)

1. Reg. *Lividi* de la Chambre des comptes d'Aix, analysé par Papon (t. III, p. 294-295). Cf. Bouche, t. II, p. 424.

2. L. Blancard, *op. cit.*, B 597; cf. B 602.

3. Ibid., B 1670 à 1675.

4. Ibid., B 602; cf. B 1676 à 1678. Papon, t. III, pr., p. LXX.

5. Voy. un hommage du 8 octobre 1399 (L. Barthélemy, *op. cit.*, n° 1674; cf. n° 1692). — M. A. Molinier affirme qu'en 1404 Raymond de Turenne était l'allié du roi de Sicile et se servait de lui contre le maréchal Boucicaut. (*Hist. génér. de Languedoc*, t. IX, p. 984.) Notre confrère interprète un peu trop librement une analyse de l'inventaire des *Monuments histo-*

réalisait la prédiction d'Honoré Bonnet, prieur de Salon : « Je « verray encores, s'il plaist à Dieu, que le commun parler de « Lombardie sera verifflé en Raymond Rogier; ce dit le Lom- « bard : *Home de poco retourne en poco*[1]. »

J'ai nommé Honoré Bonnet, l'auteur de l'*Arbre des batailles*. Mais les circonstances qu'on vient de rapporter ne permettent-elles pas de préciser la date d'une de ses œuvres littéraires, *l'Apparition maistre Jehan de Meun?* M. Paulin Paris la place entre 1397 et 1403[2]. Je crois que l'on ne peut hésiter qu'entre 1397 et 1398. En effet, dès l'année suivante, on a vu que Raymond était dépossédé de ses terres de la rive gauche du Rhône; rien n'eût empêché dès lors Honoré Bonnet de s'en retourner en Provence et d'y jouir paisiblement des revenus de son prieuré de Salon : il n'eût donc pas écrit ces mots, qui sont insérés dans sa dédicace au duc d'Orléans : « [Je] suy hors « de mon pays, et pour la guerre que maistre Remond Rogier « a faicte tant longuement en Prouvence contre le jeune roy « Louis de Cecille, pour ce que pas ne me plaist d'estre en pays « de guerre; car ne sçay, ne doy armes porter, et mon benefice « est maintenant de petite value. Sy me suis tenus par deçà, et « m'y tiens tousjours, en attendant que Dieu meist remede « contre cellui tirant Raymon Rogier[3]. »

Le rôle de Raymond de Turenne en Provence et dans le Comtat-Venaissin était bel et bien fini. Cela est si vrai que les historiens provençaux placent à cette date le récit de sa mort, qu'ils ne manquent pas d'agrémenter de circonstances dramatiques : « Le « 10 mai 1399, disent-ils (quelques-uns mettent *1400*, ou *1401*), « Raymond voulant repasser le Rhône, avec ses soldats, pour « éviter la cavalerie du prince de Tarente, qui le suivait de près, « il piqua son cheval pour entrer dans une barque; le cheval la « franchit, se précipita dans le fleuve et tenta en vain d'en « regagner les bords : Raymond tomba et disparut[4]. »

riques (n° 1816) qui, elle-même, est loin de présenter l'exactitude désirable.

1. Bibl. nat., ms. français 810, fol. 33 r°. — Cf. Paulin Paris, *les Manuscrits françois de la Bibliothèque du Roi*, t. VI, p. 265.
2. Ibid., p. 260 et 271.
3. Bibl. nat., ms. fr. 810, fol. 32 r°.
4. A. Fabre, *Histoire de Provence*, t. II, p. 369. Cf. Bouche, t. II,

Il est certain cependant que Raymond de Turenne vécut, sinon jusqu'en 1417, comme l'ont cru les auteurs de l'*Art de vérifier les dates*[1], au moins jusqu'en 1411[2], et peut-être jusqu'aux premiers mois de l'année 1413[3]. N'eût-il laissé d'autres traces de son existence remuante que les nombreux procès qu'il ne cessa de poursuivre[4], ou que les violents réquisitoires qu'il rédigea contre son gendre[5], nous serions sûrs qu'il n'a pas péri dans le Rhône vers l'an 1400. Le Parlement, pour ne citer qu'un fait,

p. 425; Pitton, p. 214; Gaufridi, t. I, p. 270; Papon, t. III, p. 296; abbé Boze, *Histoire d'Apt* (Apt, 1813, in-8°), p. 196; abbé Rose, *op. cit.*, p. 54; Barjavel, t. II, p. 348, etc.

1. T. II, p. 403. — Ils se fondent uniquement sur une lettre du duc Jean de Berry imprimée par Justel (pr., p. 138) sous la date de 1417. Or, comme le duc de Berry était mort depuis le 15 juin 1416, il faut probablement reporter la lettre en question à l'année 1397, date qui lui est assignée dans une analyse du registre R^{2*} 38.

2. Lettres de Charles VI du 22 septembre 1411. (Arch. nat., R^{2} 41.) Le 16 décembre 1409, Raymond était intervenu dans un procès pendant au Parlement. (Arch. nat., X^{1a} 4788, fol. 386.)

3. D'après un acte cité par Baluze (*Vitæ paparum*, t. I, c. 966), et dont G. Lacoste (*Histoire de Quercy*, t. III, p. 354) conteste inutilement l'authenticité, Boucicaut et Antoinette auraient constitué procureur, le 12 mars 1413, pour prendre possession de la vicomté de Turenne. Une preuve plus convaincante de la mort de Raymond ressort du testament d'Antoinette, daté du 10 avril 1413 : elle y recommande à Boucicaut l'âme de son père, et le charge de pourvoir à l'établissement des bâtards de Raymond. (Arch. nat., R^{2*} 37, fol. 240 et suiv.; texte publié, en 1885, par M. A. Vayssière, dans le *Bulletin de la Soc. scientif., histor. et archéol. de la Corrèze*, t. VII, p. 378, et, tout récemment, par M. Joseph Denais, *le Testament d'Antoinette de Turenne, comtesse de Beaufort, femme du maréchal de Boucicault*, Vannes, 1889, in-8°.) — L'épitaphe de l'église Saint-Martial d'Avignon, dont on a voulu conclure que Raymond avait vécu jusqu'au 12 mai 1420, pourrait bien se rapporter à son oncle Raymond de Beaufort, vicomte de Valernes. (Cf. P. Anselme, t. VI, p. 317.)

4. Arch. nat., X^{1a} 4786, fol. 120 r°, 127 v°, 277 v°, etc. — On trouvera dans K 55, n° 22, fol. 35 v° et 37 v°, l'état des causes que Raymond avait pendantes, en 1398, au Parlement et au Châtelet. — A signaler aussi la curieuse lettre d'un des hommes de Raymond qui, ayant maille à partir avec la justice royale, contait sa mésaventure, et ajoutait : « Dictes à « Monseigneur que, se je usse soufferte tant de mal ne de maischansté « pour servir Dieu comme j'ay pour lui servir, que m'arme fust sauvée. » (K 55, n° 22, fol. 36 v°.)

5. Voy. notamment un acte d'appel du 27 juin 1407. (Arch. nat., R^{2} 41.)

défend à l'un de ses avocats, le 5 février 1406, « sur peine d'encourir l'indignation du Roy..., que, en nulle manière il ne conseille, ne ayde, ne conforte messire Raymon de Turenne, chevalier, ou prejudice du Roy, de son honneur ne de sa court, mais le induise et exhorte de son povoir à obeir au Roy[1]. » Raymond, à cette époque, n'osait plus s'aventurer en France, même pour plaider, et ses serviteurs, à ce qu'il assure, étaient arrêtés par les gens du duc de Berry pour ne point vouloir se prêter aux complots dirigés contre la vie de leur maître[2].

C'est alors aussi que Raymond, vieilli, ruiné, chassé, mis au ban du royaume, parut pour la première fois plier sous les excommunications. Sentant le besoin de se réconcilier avec l'Église, il sollicita son pardon de ce même Benoît XIII qu'il avait vu repoussé, puis de nouveau obéi en France, et dont il devait bientôt voir, pour la deuxième fois, la déchéance et la fuite. Il demanda seulement à être dispensé de venir en personne se prosterner aux pieds du Souverain pontife, faisant valoir les dangers auxquels l'exposerait ce voyage. Par bulle du 11 février 1408, datée de Porto-Venere, Benoît XIII, cédant aux supplications de Boucicaut, alors gouverneur de Gênes, et tenant compte, dans une large mesure, de la parenté de Raymond, donna de pleins pouvoirs à l'archevêque de Tours pour entendre la confession du coupable, pour recevoir son serment, lui imposer une pénitence et l'absoudre : mais il fut stipulé qu'en aucun cas Raymond, eût-il par devers lui des obligations écrites, ne réclamerait un seul denier des officiers pontificaux, ni de la Chambre apostolique[3].

1. Arch. nat., X 1a 1478, fol. 251 v°; passage cité par M. Félix Aubert (*le Parlement de Paris de Philippe le Bel à Charles VI, son organisation*, Paris, 1887, in-8°, p. 242).

2. Arch. nat., R² 41 (27 juin 1407).

3. Baluze, *Vitæ paparum*, t. II, c. 1136-1142. — Justel a imprimé (pr., p. 136) et, ce qui est plus étrange, Baluze a utilisé (*op. cit.*, t. I, c. 965 et 1396) une prétendue bulle d'absolution donnée à Raymond de Turenne le 6 février 1408. Quand nous n'aurions pas, dans Baluze même, le texte de la véritable bulle, ni le fond ni la forme de l'étrange document imprimé par Justel ne permettraient d'en attribuer la rédaction à la chancellerie de Benoît XIII. La phrase n'y présente aucun vestige du rythme propre à la chancellerie pontificale. De plus, on y fait tenir à Benoît XIII

Tel fut l'épilogue d'une lutte célèbre dans les annales du Midi, célèbre, dis-je, autant que mal connue. Peut-être les exploits de ce brigand de bonne famille eussent-ils moins frappé les imaginations, si, comme tant d'autres chefs de bandes qui, vers la même époque, ravageaient les provinces, il se fût borné à des attaques contre les puissances temporelles. La guerre au chef de l'Église, même quand ce chef est contesté, a dans le monde plus de retentissement. Celle qu'entretint Raymond de Turenne, pendant plus de dix années, prouva que, sous un gouvernement faible, le séjour d'Avignon n'était guère plus favorable aux papes que celui de l'Italie; elle absorba une grande partie des ressources de la Curie, elle paralysa son action, elle mina sourdement sa position déjà branlante. Suivant la pensée ingénieuse d'un biographe de Clément VII[1], cette guerre fut le châtiment du népotisme des papes : Grégoire XI avait enrichi les siens, peut-être avec excès; son neveu retourna contre le saint-siège les armes qu'il en avait reçues.

La pièce que je donne en appendice a été transcrite par M. Rivain d'après le carton K 1144 (n° 37) des Archives nationales. J'y ai joint des variantes et des « réponses » empruntées à un texte du même document conservé à la Bibliothèque nationale, dans le ms. 4 de la Collection de Périgord. L'intérêt en avait été signalé par notre confrère M. A. Molinier[2]; quelques extraits en devaient paraître dans le *Bulletin de la Société historique et archéologique du Périgord*[3].

Il est aisé de s'apercevoir que ces deux textes n'ont pas été rédigés tout à fait à la même époque. Quand l'un (celui de la Bibliothèque) compte (art. XXXIV et XXXVI) trois termes échus,

le langage le plus outrageant pour son prédécesseur. Nul doute que nous ne soyons en présence d'une bulle apocryphe, ou peut-être d'un projet de bulle préparé par Raymond lui-même. Dans ce cas, ce texte présenterait un certain intérêt, en ce qu'il ferait connaître les explications que fournissait Raymond au sujet du mariage d'Alix de Baux avec Eudes de Villars et au sujet des événements qui en furent la conséquence.

1. Baluze, *Vitæ paparum*, t. I, c. 534.

2. D. Vaissete, t. IX, p. 957.

3. Communication de M. Marmier (3 février 1881).

l'autre en compte six. Cherchons à déterminer la date précise de la première rédaction, qui ne comprend que trente-sept articles.

J'y relève (art. XXVIII) une mention de l'arrestation de Paul Triboulet et de Jean David, qui eut lieu, comme on le sait par ailleurs, le 15 février 1395. De plus, à l'art. XXI, je lis : « Comme le XVII° jour du mois de janvier et l'an derrenièrement « passé, c'est assavoir l'an mil CCC IIII^{xx} et XIIII... » Raymond de Turenne usait du style de France : l'année 1394, pour lui, avait pris fin le jour de Pâques (11 avril) 1395. De ces deux passages on peut conclure que la première rédaction est postérieure au 11 avril 1395. Mais, d'autre part, Raymond de Turenne y parle de son père comme s'il vivait encore (art. XI et XII), et n'y prend pas encore le titre de comte de Beaufort; or, Guillaume Roger était mort, à Paris, le 27 mars 1395[1], et il est difficile d'admettre que son fils ait ignoré sa mort plus de quatre ou cinq semaines. Par conséquent, la date de la première rédaction doit être placée vers la seconde moitié du mois d'avril 1395.

Quant à la seconde rédaction, qui comprend quarante articles, elle ne peut être antérieure au mois de mai 1398 (voyez art. XXXVIII)[2], ni postérieure à la Saint-Jean (24 juin) de la même année (voyez art. XXXIV). En la plaçant au mois de juin 1398, on la fait coïncider avec un arbitrage dont la trace a été retrouvée et signalée au cours de ce mémoire.

1. Arch. nat., R^{2} 40; Bibl. nat., ms. Baluze 23, fol. 125 r°.

2. M° Paul Triboulet dut être, comme on l'a vu, remis en liberté vers le mois de mars ou d'avril 1395; il livra son neveu comme otage : or, la captivité de ce neveu avait déjà duré, au moment de la rédaction de l'art. XXXVIII, trois ans et trois mois. Il y a bien cet intervalle entre le mois de mars 1395 et le mois de juin 1398.

Ce sont les demandes que messire Raymon, conte de Beaufort et viconte de Turenne[1], fait a nostre saint pere le Pape et a son chambellan.

[Avril 1395-juin 1398.]

I. — Premierement, comme, du temps de bonne memoire pape Gregoire, derrenier trespassé, et par compte fait entre ledit messire Raymon, d'une part, et le tresorier du Pape, d'autre, nostre Saint Pere soit tenuz à icelui messire Raymon [de la] somme de iij^{m} v^{c} lij frans, comme par lettres scellées du seel dudit tresorier puet apparoir et autrement deuement, se mestier est, demande ledit messire Raymon que nostre Saint Pere le face paier la dite somme de iij^{m} v^{c} lij frans.

[Réponse de 1395[2] :] *In compromisso in articulo viso prius, etc., ubi designat istam litteram, ponit quod continet vj vel vij^{m} francos, et sic sibi contradicit.*

[Réponse de 1398 :] *Attende.*

[N. B.] Ceste presente lettre a robée audit messire Raymon Jehan de Trie : si requiert ledit messire Raymon que elle [lui] soit rendue, pour prouver [sa] demande.

[Réponse de 1395 :] *Ista petitio ex se ipsa injusta est et iniqua.*

II. — Item, requiert le dit messire Raymon que nostre Saint Pere le face paier ij^{m} xl frans, d'une part, et ij^{m} c xlv frans, d'autre, èsquels icelui nostre Saint Pere lui est tenuz, comme il appert par cedules escriptes de la main dudit tresorier et autrement deuement.

[Réponse de 1395 :] *In compromisso [et] in articulo visis prius, etc., ponit quod iste cedule continent circa viij vel ix^{m} francos sive florenos camere : et sic est contradictio.*

1. Le texte du ms. 4 de la Collection de Périgord porte simplement : « Messire Raymon de Turenne. »

2. Elle ne se trouve que dans le ms. 4 de la Collection de Périgord. Il en est de même de toutes les réponses faites, en 1395, aux demandes de Raymond.

[Réponse de 1398 :] *Attende.*

[N. B.] Cestes cedules a robées Jehan [de Trie] audit messire Raymon : si requiert ledit messire que elles lui soient rendues pour prouver ses demandes.

[Réponse de 1395 :] *Ut supra.*

[Note se rapportant aux deux premiers articles :] Mgr le cardinal du Puy[1] scet bien que le tresorier du Pape devoit cest argent audit messire Raymon.

[Réponse de 1395 :] *Dominus cardinalis dicit quod nichil scit.*

[Réponse de 1395 se rapportant aux deux premiers articles :] *Ad duos primos articulos potest responderi quod de quantitatibus in eis contentis et petitis, si debite probabuntur, et Camera apostolica ad eum tenebitur, faciet dominus noster fieri satisfactionem.*

III. — Item, quant le dit messire Raymon ala au mandement et service du Roy à la bataille de Flandres, et mena pluseurs gens d'armes avecques lui, et, pour paier ses gens d'armes, engaiga à feu maistre Bernart Carit, jadiz collecteur de nostre Saint Pere, deux fermaux d'or, desquelz l'un estoit fait à la façon d'un P, chargié de pierreries fines, et avoit dedans le P une ymage de Nostre Dame d'or, et estoit garni de per.., et valoient bien les deux fermaux viijc frans; et semblablement engaiga icelui messire Raymon au dit feu Carit, au dit temps, deux chopines et deux gobelès d'or, tout pour la somme de iiijc frans; et il soit ainsi que il n'ait recouvré du dit feu Carit, collecteur, que les dictes chopines et gobelès, parmi paiant ijc frans, qu'il en a baillié roiaument; et, pour les autres ijc frans, il ait baillié au dit collecteur une assignacion de iijc L frans; et que le cardinal du Puy ou de Murol[2] ait pris, après le trespas du dit collecteur, pour nostre saint pere le pape Clement, derrenier trespassé, les diz fermaux : requiert ledit messire Raymon que nostre Saint Pere lui rende les diz fermaux et la dite assignacion, parmi recevant ijc frans, que il[3] est prest et offre à paier[4].

1. Pierre Girard.

2. Jean de Murol.

3. *Ms.* : quiel.

4. La réponse faite à cet article en 1395, et inscrite en marge du ms. 4 de la Collection de Périgord, est presque entièrement effacée. Les quelques mots restés lisibles permettent de croire que les gens du Pape engageaient Raymond de Turenne à s'adresser aux héritiers de Bernard Carit.

[N. B.] Les gens de feu Bernart Carit ont dit que Mgr de Murol ou le cardinal du Puy prirent les biens dudit Mgr Bernard Carit.

[Réponse de 1398 :] *Papa non successit isti, nec habuit aliquid de bonis suis; ymo se submisit parlamento Regis.*

IV. — Item, le pape Gregoire derrenierement trespassé donna au dit messire Raymon, quant il parti derrenierement de Romme, deux grans tapiz de Turquie, et valoient bien chascun v^{c} ducas, et une chapelle de draps de damas et les paremens d'autel rouges, la dicte chapelle garnie de diacre et de soubzdiacre, de [plu]yals, d'orfrois, et un grant fermail d'or garni de pierreries et de perles, qui avoit cousté iiij^{c} et L ducas, et une grant venne de l'euvre de Naples, les quelles choses feu le cardinal d'Arle[1] print et emporta de Romme en Avignon; et par ainsi estoit tenuz en son vivant de le rendre audit messire Raymon; et il soit ainsi que, après le trespas du dit cardinal, nostre Saint Pere derrenier trespassé ait pris touz les biens d'icelui cardinal, et ait donné ung des diz tapis au sire de la Riviere; et, pour ce, requiert le dit messire Raymon que nostre Saint Pere, comme successeur ès biens du feu cardinal, lui rende les biens et choses declarées en cest present article.

[N. B.] M. P. de Cassaignes, que Diex absoille, savoit bien ceste chose, et aussi M. J. de Bar; et Mgr de Xainctes[2] en scet bien la certaineté et en a bien oy parler.

[Réponse de 1395 :] *Qui decesserunt... nichil scire*[3]... *[certos] instituit heredes; contra quos agat ipse dominus Raymundus, quia Papa nec heres, nec successor ipsius domini cardinalis.*

[Réponse de 1398 :] *Probet!*

V. — Item, comme, ou trectié et en l'accort fait, à Saint Esperit, par Mgr le duc de Berry entre nostre saint pere pape Clement derrenierement trespassé, l'evesque de Valence, le conte de Valentinois et messire Odo de Villars, duquel nostre Saint Pere [se fist] fort et s'est obligié, d'une part, et le dit messire Raymon, d'autre, ait esté dit par ledit Mgr le duc que bonne paix seroit entre les dites parties, et que le dit messire Odo ne feroit ne porteroit aucun dommage au dit messire Raymon, ne en ses lieux et terres; et il soit ainsi que, depuis et après ladite paix et la prononciacion d'icelle faicte par ledit Mgr le duc, ledit messire Odo et ses gens aient fait guerre audit messire Raymon et de M. son pere,

1. Pierre de Cros.
2. Élie de Lestrange.
3. La première partie de cette réponse est effacée.

et icelles endommagés jusques à la somme de xx^{m} frans et plus, de quoy nostre Saint Pere estoit et devoit estre tenuz, pour ce qu'il s'estoit fait fort et obligié pour le dit messire Odo, comme il est dict : requiert ledit messire Raymon que nostre Saint Pere lui paie ladicte somme.

[N. B.] Cet article se puet prouver par les lettres de la paix et par les sauf conduis qui ont esté donnez par les gens de messire Odo de Villars, depuis que la paix fut prononcié par Mgr de Berry.

[Réponse de 1395 :] *Per dictas litteras apparet de contradictione, quia in eis nulla fit mentio de dicto Odone; et, licet fuisset actum quod ipse dominus Odo comprehenderetur in dicta p[ace,] tamen ipse dominus Raymundus nullo modo voluit; et propter hoc fuerunt refecte [littere] ipsius domini Ducis super dicta pace.*

[Réponse de 1398 :] *Attende, quia dictus Reymundus noluit consentire quod dominus Odo includeretur, etc., et ideo agat contra eum.*

VI. — Item, comment, par le trectié de la dite paix prononcié le ve jour de may, nostre Saint Pere derrenierement trespassé et son chambellan feussent tenuz de faire droit et raison des habitans d'Avignon et en la conté de Venice audit messire Raymon et à ses gens, serviteurs et familiers, et certains marchans d'Avignon soient tenuz à Jehan Panival, serviteur et familier du dit messire Raymon, en la somme de xiiij^{c} frans, qui leur a baillez et nombrez de la somme de ij^{m} cent frans qu'il avoit receuz des propres deniers dudit messire Raymon, et il soit ainsi que le dit messire Raymon ait sommé et requis le dit chambellan qu'il feist paier aux diz marchans les diz xiiij^{c} frans qui leur a baillez et nombrez, afin qu'il feust paiez desdiz ij^{m} cent frans à lui deuz par ledit Panival, et qu'il a interest que ledit Panival reçoive les diz xiiij^{c} frans, pour ce qu'ilz furent de son argent : requiert icelui messire Raymon que nostre Saint Pere paie audit Panival les diz xiiij^{c} frans, ou les lui face paier dedens ung certain brief jour.

[Réponse de 1395 :] *Nunquam ipsi domino Raymundo, nec ejus servitoribus, seu familiaribus, fuit denegata justicia per ipsum Camerarium, vel alium officiarium; unde et satis apparet quod ista peticio est indebita et exquisita. Quare, etc.*

[Réponse de 1398 :] *Petat a dicto Panival, qui captus est; et fiet sibi justicia.*

[N. B.] Ceste lettre roba J. de Trie audit messire Raymon : si requiert le dit messire Raymon que la dicte lettre lui soit rendue pour prouver ses demandes.

[Réponse de 1395 :] *Manifeste injuste petit.*

VII. — Item, comme pareillement, par le dit trectié prononcié le dit v^e jour, nostre dit saint pere le pape Clement derrenierement trespassé et son dit chambellan soient tenuz de faire droit et raison audit messire Raymon de Andrieu de Tix, lequel lui est tenuz en la somme de v^m frans, oultre ce qu'il a, et le dit messire Raymon ait sommé et requis par pluseurs foiz le dit chambellan qu'il lui feist droit et raison dudit de Tix, de quoy il a esté refusant : requiert ledit messire Remon que nostre Saint Pere li paie ladicte somme de v^m frans, ou la lui face paier, dedens ung certain et brief jour.

[Réponse de 1395 :] *Istud non est verum, quia ymo ad requisitionem simplicem ipsius domini Raymundi fuerunt dati [judices] illi, quos ipse voluit, super omnibus peticionibus quas volebat facere contra dictum Andream ; qui judices, prosequente procuratore dicti domini Raymundi, cognoverunt et pronunciaverunt, et eorum sentencia... prout... per publica instrumenta. Quare, etc.*

VIII. — Item, comme, par deffaut de ce que ledit de Tix n'a paié au dit messire Remon les diz v^m frans, et qu'il a esté desloial, et en demeure de lui rendre certains joiaux, c'est assavoir veselle d'or garnie de pierreries et de perles qu'il avoit en garde de lui, la quele le dit de Tix a vendu oultre sa voulenté, et la tient pour emblée et n'eust pas donné le marc pour deux cens frans, et pour ce ait esté endommagiez en la somme de xxx^m frans, desquelz dommages ledit messire Raymon doit estre creu par son serement, comme il apperra par certaines lettres ou instrumens sur ce passez, et il soit ainsi que ledit chambellan n'ait voulu faire aucune raison au dit messire Raymon du dit de Tix, ne des diz dommages, combien qu'il en ait esté requis et sommé, comme dit est, et qu'il est tout prest de jurer que les diz dommages montent tant, et offre à faire le serement sur ce : pour ce requiert ledit messire Raymon que nostre Saint Pere lui paie ladicte somme, ou lui face paier, par ledit de Tix dedens ung certain et brief jour.

[N. B.] Ces ij articles se prouveront par les instrumens.

[Réponse de 1395 :] *Respondetur ut in precedenti articulo.*

[Réponse de 1398 :] *Habuit sententiam contra se.*

IX. — Item, que ledit messire Raymon a presté à nostre saint pere pape Clement derrenierement trespassé vij^{m} v^{c} florins de chambre, d'une part, et ij^{c} et iiij^{xx}, d'autre, comme il apperra par bulle de nostre Saint Pere, et autrement deuement, se mestier est : et pour ce requiert le dit messire Raymon à nostre Saint Pere qu'il lui paie les diz vij^{m} v^{c} florins, d'une part, et ij^{c} iiij^{xx} *frans*, d'autre.

[N. B.] Ceste bulle roba Jehan de Trie à messire Raymon : si requiert ledit messire Raymon que on lui rende la dicte bulle pour prouver ses demandes.

[Réponse de 1395 :] *Peticio est iniqua et* [*injusta*]; *sed doceat ipse dominus Raymundus de debito, et dominus noster faciet fieri debitam satisfactionem.*

X. — Item, comme nostre dit Saint Pere soit tenuz et obligés audit messire Remon en la somme de vij^{m} florins de chambre pour cause des services par lui faiz ou païs d'Italie, ès guerres de l'Eglise, comme apperra par bulle de nostre Saint Pere, et autrement deuement, se mestier est : requiert ledit messire Raymon que nostre Saint Pere lui paie les diz vij^{m} florins.

[Réponse de 1395 :] *Respondetur ut supra proxime ad alium articulum.*

[N. B.] Jehan de Trie a robé ceste bulle audit messire Raymon : si requiert ledit messire Raymon que on lui rende, pour prouver ses demandes.

[Réponse de 1398 se rapportant aux articles IX et X :] *Doce.*

XI. — Item, comme feu l'evesque de Magalonne[1] derrenierement trespassé, jadiz tresorier du Pape, confessa devoir à Mgr de Beaufort, pere dudit messire Raymon, la somme de iiij^{m} florins de chambre, à cause de prest fait à nostre dit Saint Pere, lequel obliga pour ce les biens de la Chambre, messire Raymon au (*sic*) interest que son dit seigneur et pere soit paiez ; et, par ledit trectié de la paix prononciée ledit v^{e} jour de may, nostre dit Saint Pere se soit soubzmis à l'ordenance du Roy et de ses deputez de tout ce en quoy il puet estre tenuz et obligez audit Mgr de Beaufort : requiert icelui messire Raymon que nostre Saint Pere paie audit Mgr de Beaufort, son pere, la dicte somme de iiij^{m} florins.

1. Pierre de Vernobs.

[Réponse de 1395 :] *Doceatur de debito, et fiet debita responsio.*

[Réponse de 1398 :] *Attende si Thesaurarius potuit obligare, et doce de litteris.*

[N. B.] Mgr de Beaufort a ladite bulle.

[Note ajoutée en 1398 :] Et Mgr de Beaufort qui est huy a monstrée la dicte bulle à Mgr de Saint Marçal[1], et l'a veue, et a mandé à Mgr de Beaufort qu'il a veue la bulle en la main de M. Alzias[2]. Mgr a de cette bulle vidimus signé de deux notaires, que Merigot a entre ses mains, pour les monstrer aus arbitres.

XII. — Item, comme Mgr le Cardinal de Thury[3] ait occupé de fait, et contre le gré et voulenté des diz Mgr de Beaufort et de messire Raymon, son filz, leur hostel, assis en Avignon, appellé l'ostel de Turenne, et l'ait detenu l'espace de viij ans, et detiengne encores, et le dit messire Raymond ait requis audit chambellan qui lui en feist raison et justice, et lui feist rendre le dit hostel et les louages d'icelui, comme faire le devoit, par le dit cardinal, de quoy il n'a riens voulu faire : pour ce, requiert ledit messire Raymon que nostre Saint Pere rende à M. son pere et à lui ledit hostel, ou le leur faire rendre dedens un certain jour que sur ce lui sera prefigé, et à paier ou faire paier, dedens ung certain jour, les diz louages, c'est assavoir iiij^c frans par an desdictes xij années, et ceulx qui escharront jusques à plaine restitucion dudit hostel audit pris.

Cest article se puet prouver par l'instrument de Mgr Enguerran de Heudin et par l'instrument de l'argent que on presenta audit Mgr Enguerran ou à son procureur.

[Réponse de 1395 :] *Dirigat*[4] *ipse dominus Raymundus suam peticionem contra possidentem dictam domum, et fiet justicia sibi.*

[Réponse de 1398 :] *Fiet justicia.*

XIII. — Item, comme messire Gantonnet d'Apzac ait esté capitaine general pour l'Eglise ou païs d'Italie, et, pour ce, lui feussent deuz pluseurs gaiges, et, avecques ce, lui estant prison-

1. Hugues de Saint-Martial, cardinal-diacre du titre de Sainte-Marie in Porticu.

2. Alcias Gasc, un des familiers de Raymond.

3. Pierre de Thurey.

4. *Ms.* Drigatat.

nier pour la guerre de la dicte Eglise ou lieu d'Arone, lequel il recouvra sur les ennemis de la dicte Eglise, pluseurs biens qu'il avoit laissez en l'ostel de bonne memoire feu Raymon, arcevesque de Nicossie[1], iadiz son oncle, lesquels estoient siens et lui appartenoient, eussent esté pris par les gens de la chambre de feu pape Gregoire, et encores le dit arcevesque eust fait audit d'Apzac pluseurs lais en son testament, pour lesquelles choses le dit d'Apzac faisoit poursuite par devant nostre Saint Pere et contre lui, c'est assavoir que sur les dictes choses fut faite composicion, transaction et accort entre le dit chevalier, d'une part, et le tresorier de nostre dit Saint Pere, d'autre, et les gens de sa Chambre, et par icelle composition fut dit et accordé que icelui chevalier auroit certaine somme de florins pour les choses dessus dictes, de la quelle somme reste encore à paier vij^{m} florins de chambre, comme il apperra par bules sur ce faictes et autrement deuement, se mestier est[2] : pourquoy requiert ledit messire Raymon, par le moien du dit trectié, et que ledit d'Apzac est son serviteur et familier, que nostre dit Saint Pere paie ou face paier au dit d'Apzac la dicte somme de vij^{m} florins.

[N. B.] Cest article se puet monstrer par bulle.

XIV. — *Item*, comme ledit d'Apzac ait baillé pieça en garde et deposts à feu l'evesque de Magalonne, jadiz tresorier de nostre Saint Pere, mille florins de chambre, et il soit ainsi que nostre Saint Pere ait prins et eu touz les biens demourez du decès du dit feu evesque et tresorier : pour ce, et par le moien dudit trectié, et que ledit d'Apzac est serviteur et familier du dit messire Raymon, requiert messire Raymon que au dit d'Apzac soient paiez les mil florins dessusdiz de chambre.

[N. B.] Cest article se puet prouver par le cardinal du Puy et par pluseurs autres tesmoings que Mgr Gantonnet produira.

[Réponse de 1398 se rapportant aux articles XIII et XIV :] *Fiet justicia dicto militi.*

XV. — Item, le dit messire Gantonnet a demouré, par le com-

1. Raymond de la Pradèle, qui mourut avant 1382 d'après les documents recueillis par M. le comte de Mas Latrie (*Histoire des archevêques latins de l'île de Chypre*, Gênes, 1882, in-4°, p. 70).

2. Gantonnet d'Abzac revient sur ces diverses questions dans son testament fait, à la Douze, le 18 décembre 1401 et publié en partie par M. de Mas Latrie (*Histoire de Chypre sous le règne des princes de la maison de Lusignan*, Paris, 1852, in-8°, t. II, p. 460-464).

mandement et ordenance de nostre saint pere pape Clement derrenierement mort, en la guerre de Provence, et contre les Touchins, et servi l'Eglise et nostre dit Saint Pere, par l'espace de vj ans, à xxx ou à xl hommes d'armes, qui estoient à lui et soubz son pennon et retenue, de quoy il n'a riens esté paié : et, pour ce, requiert ledit messire Raymon, par le moien dudit trectié, et que icellui Gantonnet est serviteur et famillier dudit messire Raymon, que nostre Saint Pere paie audit messire Gantonnet ses gaiges et de ses dictes gens d'armes, c'est assavoir xviij florins pour mois pour chascun homme d'armes, pour les dictes vj années.

[N. B.] Mgr Gantonnet dit qu'il les prouvera.

XVI. — Item, comme ledit messire Gantonnet ait demouré, du commandement et ordenance de nostre Saint Pere, en la ville de Saint Esperit et ou païs denviron, et servi icellui Saint Pere par l'espace d'un an, avecques xl hommes darmes, qui estoient à lui soubz son pennon, et desquelz il avoit la charge : pour ce requiert ledit messire Raymon que, pour les moiens et causes dessus dictes, nostre Saint Pere paie audit messire Gantonnet ses gaiges et de ses dictes gens d'armes pour xj mois de la dicte année, c'est assavoir xviij florins, pour chascun homme d'armes, pour chascun mois.

XVII. — Item, que le dit messire Gantonnet fut et ala oultre mer pour avoir le paiement et satisfaction d'aucunes assignacions que les gens de la chambre de nostre dit Saint Pere lui avoi[en]t fait ou dit païs; et, combien qu'il en feist toute diligence, il n'en peust avoir un denier, et despendit ou voyage la somme de iiij^{m} florins de chambre : pourquoy requiert ledit messire Remon, par les moiens dessus diz, que nostre Saint Pere paie audit messire Gantonnet la dicte somme de iiij^{m} florins de chambre.

[N. B.] Mgr Gantonnet dit qu'il prouvera ces ij articles.

XVIII. — Item, quant le païs de Prouvence se rebella contre l'arcevesque d'Aix, ledit messire Gantonnet fut, du commandement et ordenance de nostre dit Saint Pere, avec ledit arcevesque et au siege d'Aix, l'espace de iij ans, avecques quarante hommes d'armes, qui estoient à lui soubz son penon et ordenance, et il soit ainsi que, les diz trois ans, le dit messire Gantonnet n'ait esté paié oultre ung mois : pour ce requiert le dit messire Remon, par les moiens dessus diz, que nostre Saint Pere paie audit messire Gantonnet ses gaiges et de ses dictes gens d'armes par les dictes iij années, ledit mois excepté, c'est assavoir xviij florins, pour chascun mois, à chascun homme d'armes.

[Réponse de 1395 :] *Ad xiij et supra proxime sequentes, ad istum inclusive, respondetur quod dictus dominus Gantonetus scripsit et notificavit domino nostro quod, super omnibus dictis peticionibus et aliis que habet facere cum Camera, vult stare ordinacioni Sue Sanctitatis, nec vult per alium quemcumque pro eo aliquid peti. Quare, etc.*

[Réponse de 1398 se rapportant aux articles XV à XVIII :] *Fiet justicia dicto militi.*

XIX. — Item, comme nostre dit Saint Pere ait osté, sanz cause raisonnable, sauve sa grace, à Pierre Morgant, mes tant seulement en haine de ce qu'il estoit serviteur dudit messire Raymon, et qui lui revela comment on le vouloit emprisonnier, les provendes de Briode en Auvergne et de Sainte Opportune de Paris : requiert ledit messire Raymon que notre Saint Pere rende et restitue audit Morgant les dictes provendes, ou le recompense en autres benefices equipollens, et aus fruis et levées que ledit Morgant eust perceu des dites probendes depuis l'an mil CCC IIII[xx] et IIII, que elles lui furent ostées, comme dit est, et ceulx que icelui Morgant en pourroit percevoir et percevroit, jusques ad ce que icelles probendes lui seront rendues, ou il soit recompensez, comme dit est, en autres benefices.

[N. B.] Cecy est public et se puet prouver par bulles et autres enseignemens.

[Réponse de 1395 :] *Iste Petrus serviebat inimico Ecclesie et ipsius domini nostri Clementis, unde juste debuit et potuit privari. Quare, etc.*

[Note ajoutée en 1398 :] Cest chapitre Mgr ne laisseroit point que le Pape ne lui en fist raison, et aussi bien les arbitres.

[Réponse de 1398 :] *Prosequatur Morgant jus suum.*

XX. — Item, comme par le dit tractié de la paix, ait esté dit expressement que le registre de court de Rome, le quel avoit esté osté au frere de messire Guy de Pesteilz, chevalier, sanz cause et raison, comme il a esté depuis cogneu par les cardinaux qui à ce ont esté commis, lui seroit rendu en l'estat qui l'avoit par avant qui lui feust osté, et, ce non obstant, nostre dit Saint Pere ait chargié ledit registre de la pension de mil florins envers le cardinal de Saluce[1] : pour ce requiert le dit messire Remon que, en

1. Amé de Saluces.

enterinant le dit trectié, la dicte charge soit ostée du dit registre roiaument et de fait, et on en tiengne quitte le frere dudit chevalier, car la rente que le Pape a ou roiaume de France en est bien obligié, comme il appert par le trectié de ladicte paix faicte par les gens du Roy et de Mgr de Berry[1].

[Réponse de 1395 :] *Respondetur quod Papa hoc officium potest committere cui vult et quando vult, et, si uni commisit, potest pro libito voluntatis alteri committere, nec aliquis mortalium debet ei dicere : Cur ita facis ? Quare* [*etc.*].

[Note ajoutée en 1398 :] De cest chapitre, messeigneurs les cardinaux lui veillent faire justice.

[Réponse de 1398 :] *De hoc fiet verbum domino nostro Pape.*

XXI. — Item que, comme, le xvij^e jour du mois de janvier et l'an derrenierement passé, c'est assavoir l'an mil CCC IIII^xx et XIIII, l'auditeur de la chambre de nostre dit Saint Pere eust fait prendre et encarcerer maistre Pierre Vincent, grossaires des lettres apostoliques de nostre Saint Pere ; et, estant en la prison, par force et par paour le tourment, le fit renoncier audit office, le quel pape Gregoire, que Diex absoille, lui avoit donné, et l'avoit tenu et possidé paisiblement, par l'espace de xxij ans, le dit auditeur ; sanz cause et senz raison le despoulla dudit office, et ses autres biens pris par ledit auditeur, à tort et à pechié et sanz cause et raison, ainsi comme il se puet clerement prouver, fors tant seulement pour ce qu'il avoit esté serviteur dudit messire Raymon ou temps du pape Gregoire : et, pour ce, requiert ledit messire Raymon que ledit maistre Pierre Vincent soit restitué en son dit office et en ses biens dessus diz ; car il ne les a perduz, se non pour ce qu'il avoit esté serviteur du dit messire Raymon, et cecy scet bien l'auditeur de la Chambre qui est aujourdui.

[Réponse de 1395 :] *Respondetur quod iste sancte et juste fuit privatus, ut apparet per processum existentem super hoc in curia auditoris Camere. Quare, etc.*

[Réponse de 1398 :] *Fiet mencio domino nostro.*

XXII. — Item, comme nostre Saint Pere feust tenuz et obligez à feu Jehan de les Ages, jadiz serviteur et familier dudit messire Raymon, en la somme de viij^c florins de chambre, comme il

1. Ces derniers mots « comme il appert, etc., » ne se trouvent pas dans le ms. 4 de la Collection de Périgord.

apperra par bulles et autrement deuement, se mestier est : pour ce requiert ledit messire Raymon, par le moien dudit treetié, et que ledit feu Jehan de les Ages estoit son serviteur, comme dit est, que nostre Saint Pere paie aus heritiers dudit feu Jehan la dicte somme de viij^{c} florins de chambre.

[N. B.] Cecy se puet prouver par la bulle que Filol a.

[Réponse de 1393 :] *Respondetur ad istam peticionem et sequentes, usque ad xxvij inclusive, quod dominus [Raymundus] non debet esse procurator istorum; sed ipsi petant a Camera, si quid eis debet, et ipsa debite eos contentabit.*

[Note ajoutée en 1398 :] Mgr ne laisseroit point cecy aler; car ledit Jehan de les Ages devoit à Mgr plus de mil florins.

XXIII. — Item, comme Pierre Mauroux, escuyer, ait esté ou service de nostre Saint Pere, ou chastel de Saint Angel, l'espace de xiiij mois, estant le siege devant ledit chastel, du quel service ledit Mauroux n'a aucunement esté paié : pour ce, et par le moien du dit trectié, et que le dit Mauroux est serviteur et famillier dudit messire Raymon, requiert icellui messire Raymon que nostre Saint Pere paie audit Mauroux ses gaiges desdiz xiiij mois, c'est assavoir xviij florins pour chascun mois.

[N. B.] Cecy se puet prouver clerement : car ledit Pierre Mauroux estoit l'un des plus grans capitaines qui feussent dedens et qui plus fist endurer le chastel de Saint Angel.

XXIV. — Item, comme nostre dit Saint Pere soit tenu et obligié audit Mauroux en la somme de ij^{c} florins de chambre, comme il appert par lettre ou bulle ou autrement deuement, se mestier est : requiert ledit messire Raymon que ledit Mauroux soit paié de ladite somme de ij^{c} florins de chambre.

[N. B.] Jehan de Trie roba ceste bulle : si requiert ledit messire Raymon que on la lui rende[1].

XXV. — Item, comme nostre dit Saint Pere ait prins ou fait prendre tous les biens que ledit Mauroux avoit en Avignon, pour ce que icelui Mauroux, qui est vassal et serviteur et famillier dudit messire Raymon, lui avoit gardé et defendu une sienne forteresse, et en hayne dudit messire Raymon : pour ce, et par les moiens dessusdiz, requiert ledit messire Raymon que audit Mauroux soient renduz ses diz biens, ou la somme de v^{c} florins pour la value d'iceulx.

1. Cette note a été cancellée dans K 1144, n° 37.

[N. B.] Cecy se puet prouver par voix commune; et ledit P. Mauroux n'est pas en cest païs : mais on le mandera querir.

[Réponse de 1395 :] *Iste Petrus nominatus in istis tribus articulis erat serviens armorum et faciebat guerram, domino nostro regnante. Quare, etc.*

[Réponse de 1398 :] *Veniat et petat.*

XXVI. — Item, comme Yvon Trebignon, escuier, ait servi nostre dit Saint Pere en la guerre de l'Eglise ou païs d'Italie, l'espace de vj mois, avecques trois hommes d'armes soubz lui et desquelz il avoit la charge, requiert ledit messire Raymon que, par le moien du tractié, et que icelui Yvon est serviteur et famillier dudit messire Raymon, que nostre Saint Pere paie audit Yvon ses diz gaiges et des diz iij hommes d'armes des diz vj mois, et pour chascun homme d'armes, pour chascun desdiz mois, xviij florins; et de ceci sont bonnes lettres d'eux.

[N. B.] Jehan de Trie roba cestes ij lettres : en requiert ledit messire Raymon que elles lui soient rendues, pour prouver sa demande.

XXVII. — Item, comme nostre dit Saint Pere soit tenuz audit Yvon Trebignon, pour cause du service par lui fait en la guerre de l'Eglise ou païs d'Italie, en la somme de ix^{c} ducas, comment il se puet prouver par bulles ou lettres et autres deuement : requiert ledit messire Raymon, par les moiens dessusdiz, que nostre Saint Pere paie audit Trebignon ladicte somme de ix^{c} ducas.

[N. B.] Cest article se puet prouver par les lettres scellées du scel du cardinal de Geneve, qui lors estoit legal (*sic*) et tantost après fut pape.

[Réponse de 1398 :] *Petat, si velit.*

XXVIII. — Item, requiert ledit messire Raymon que Jehan David et maistre Paul Triboulet lui soient renduz et delivrez, car nostre Saint Pere leur avoit dit qu'ilz povoient aler et venir seurement; et, d'autre part, ilz avoient saufconduiz de Mme la Royne, et furent pris de lieux du Pape, en forè, et recuillis en ses lieux.

[N. B.] Cest article est notoire à chascuns.

[Réponse de 1395 :] *Isti fuerunt expediti. Quare, etc.*

[Réponse de 1398 :] *Expediti sunt.*

XXIX. — Item, que l'en face justice au dit messire Raymon, en toutes les cours d'Avignon, de touz ceulx que le dit messire

Raymon pourra monstrer par lettres ou instrumens qui lui seront tenuz ou obligiez.

[Réponse de 1395 :] *Respondetur quod et sibi [et] omnibus ibi petentibus fit et fiet justicia.*

[Réponse de 1398 :] *Papa mandabit fieri justiciam de subditis.*

XXX. — Item, comme se soit chose que le Pape derrenierement trespassé, oultre ce qu'il avoit promis et juré ou tractié de la paix qu'il ne feroit ne ne pourchasseroit mal ne dommage audit messire Raymon ne à ses gens, ait fait et pourchassié le contraire, qui tourne en dommage audit messire Raymon de plus de cent mille frans, tant de la perte de son heritage, comme de ses gens, et de ce qu'il leur doit : pourquoy requiert ledit messire Raymon à nostre Saint Pere que il lui en plaise faire restitution, car ledit messire Raymon s'en remeit en sa conscience.

[Réponse de 1395 :] *Istum [non] est verum. [Quare,] etc.*

XXXI. — Item, comme Jehan de Trie ait robées audit messire Raymon lettres jusques au nombre de xvij, qui lui seront neccessaires à prouver ses demandes, et nostre Saint Pere lui ait mandé qu'il trouvera bien maniere que ledit messire Raymon recouvrera les dictes lettres : pourquoy requiert ledit messire Raymon que les dictes lettres lui soient rendues, car autrement il ne pourroit prouver ses demandes.

[N. B.] Cest article se puet bien prouver comment ledit Jehan de Trie roba les dictes lettres; et ceci scevent bien Mgr Girart de Bourbon et messire Girart d'Arlo, qui s'offroit de les faire rendre, mès que messire Raymon en quitast le Chambellan et pluseurs autres[1].

[Réponse de 1395 :] *Iste articulus continet manifestam injusticiam, quia dominus noster non debet emen[dare] furta vel dampna dicta vel facta ipsi domino Raymundo per suos, nec eciam per alios, quando ipse faciebat [guerram] apertam contra Ecclesiam. Quare, etc., et petat litteras suas ab eo quem asserit eas sibi suttraxisse, etc.*

[Note ajoutée en 1398 :] Et cestes lettres ont tenues par pluseurs fois Meirigot de Palisses, maistre Paul Triboulet, Gobert de Luseu, Merigot Bermon, maistre Pons Girart, et Jehan Bon Vin, et par

1. Dans la pièce K 1144, n° 37, cette note se termine ainsi : « En quitast le Chambellan et print l'obligance de la Chambre du Pape. »

ceulx là se puet prouver; car il ont tenues les dictes lettres. Et aussi ont veu et tenu lesdites lettres maistre Climent de Reilhac et maistre Jehan Andriquel, advocas en Parlement, maistre Jehan de Betisy et maistre Jehan Naudon, procureurs de Parlement, lesquelz advocas et procureurs firent les demandes dudit messire Raymon selon les lettres et instrumens en quoy le Pape estoit tenuz audit messire Raymon, et les gens du Pape doivent avoir le roulle qui leur fut baillié devant le chancelier de France, et signé de la main maistre Henry Mauloué, secretaire du Roy.

[Réponse de 1398 :] *Injuste petit.*

XXXII. — Item, requiert ledit messire Raymon que nostre Saint Pere revoque et mette au neant touz et quelconques procès ou sentences faiz par son predecesseur contre ledit messire Raymond et ses gens, et leur donne absolucion generale et publique, se mestier est *ad cautelam*[1] : car, contre tout droit et raison, les diz procès et sentences ont esté faiz et données publiquement contre lui et ses gens, et le pape derrenierement trespassé lui rompy la paix et les convenances qu'il lui avoit faictes, et le Pape et le Chambellain les avoient promises et jurées[2].

[N. B.] Et ce se puet prouver par l'accort qui fut fait par les gens du Roy et de Mgr de Berry, et par les paix qui furent faites à Saint Remi et à Saint Esperit.

[Réponse de 1395 :] *Quando ipse dominus Raymundus emendabit dampna que fecit Ecclesie, providebitur sibi prout fuerit racionis.*

[Réponse de 1398 :] *Facta pace, fiet taliter quod debebit contentari.*

XXXIII. — Item, nomme les personnes pour qui il veult avoir saufconduit : premierement messire Gantonnet d'Autissac, Jehan David, messire Paulet Triboulet, Jambert de Cornilli, Guynot de Tession, messire Alsias Gasc, maistre Pierre Vincent, et chascun d'eulx portant le saufconduit, et x autres en sa compagnie, et que le saufconduit soit du Pape et de la part de la royne, et que ilz se facent fors de toutes gens et de toutes pars[3].

[Réponse de 1395 :] *Ad istum articulum non est [opus] responsione.*

1. Ces cinq derniers mots ne se trouvent pas dans le ms. 4 de la Collection de Périgord.

2. La dernière proposition a été également rajoutée en 1398.

3. Dans la pièce K 1144, n° 37, cet article est cancellé.

XXXIV. — Item, comme ce feust chose que pape Gregoire derrenierement trespassé deust au dit messire Raymon la somme de xxj^{m} iiij^{c} iiij frans ou florins de chambre, et en eust baillié audit messire Raymon deux bulles comment il lui recongnoissoit devoir la dicte somme, lesquelles deux bulles ledit messire Raymon bailla au cardinal d'Arle derrenierement trespassé, ainsi comme il devoit faire, par l'accort de la paix, qui fut faicte en Avignon; et, parmi ladicte paix, Mgr le chambellan de nostre Saint Pere se soit obligez audit messire Raymon, en presence de mes seigneurs les cardinaux de Poitiers[1], d'Amiens[2], de Cusance[3], de Saint Marsal et de Mgr de Xaintes, de paier audit messire Raymon, chascun an, à chascune feste de saint Jehan Baptiste, v^{c} frans et v^{c} florins de chambre, jusques à tant que ledit messire Remon feust parpaiez de la somme contenue ès deux bulles dessus dictes, et en prist sentence d'escommeniement de l'auditeur de la Chambre ou cas qu'il defauldroit d'un seul jour à paier audit messire Remon v^{c} frans et v^{c} florins de chambre à chascune feste de saint Jehan Baptiste, comme dit est; et il soit ainsi que Mgr le Chambellan ait deffailli de paier audit messire Raymon de trois termes : requiert ledit messire Raymon à nostre Saint Pere qu'il le face paier à Mgr le Chambellan des diz iij termes[4], et qu'il face mettre en segur que, deci en avant, Mgr le Chambellan lui tiengne ce qui lui a promis et juré, et lui face rendre les ij bulles en quoy est contenue ladicte somme; car maistre Pierre Vincent les bailla au cardinal d'Arle derrenierement trespassé, ainsi comme il le devoit faire parmi le tractié de la paix qui fut faicte en Avignon, et Mgr de Xaintes le scet bien[5], Mgr Pierre Bourier et pluseurs autres gens d'estat, chevaliers et escuiers.

Item, devra plus le Chambellan, à la Saint Jehan qui vient, à Mgr de Beaufort v^{c} frans et v^{c} florins de chambre, oultre les vj termes dessusdiz.

[Réponse de 1395 :] *Ad istum articulum respondetur prout in instructione seu memoriali quod incipit : Dominus Clemens VII.*

1. Guy de Malesset.
2. Jean de la Grange.
3. Nicolas Brancaccio, archevêque de Cosenza.
4. Le texte rédigé en 1398 et conservé dans la pièce K 1144, n° 37, porte : « VI termes. »
5. Les quelques lignes qui suivent ne se trouvent pas dans le ms. 4 de la Collection de Périgord : elles ont été ajoutées en 1398.

[N. B.] Il en doit bien souvenir à messeigneurs les cardinaux de Poitiers, d'Amiens, de Cusance et de Saint Marsal, et aussi à Mgr de Xaintes[1], comment le Chambellan s'obliga et emprint sentence d'escommeniement, et aussi leur doit bien souvenir que Mgr de Beaufort qui est huy bailla les bulles au cardinal d'Arle ainsi comme il le devoit faire ; car ainsi fut ordené par les seigneurs cardinaux qui firent la paix : par quoy rende l'en les bulles audit Mgr de Beaufort, et là il verront les bulles en quoy le Chambellan est obligez audit Mgr de Beaufort.

[Réponse de 1398 :] *Attende.*

XXXV. — [Article ajouté en 1398 :] Item, demande plus ledit messire Raymon audit Mgr le Chambellan, pour les dommages, fraiz, interez et despens faiz et soutenuz par ledit messire Raymon à cause du deffaut de la paie des diz vj termes dessus diz, et à cause aussi que il n'a tenu ne acompli les autres choses contenues en ladicte paix, aussi comme ilz l'avoient promis et juré, et l'avoient obligié à tenir et ou trectié de la paix acomplir, vint mille francs, sur lesquelles et desquelles (*sic*) dommages, fraiz et despens ledit Chambellan voulsist, promisist et jurast à croire audit messire Raymon, et à sa simple parole et sanz sacrement et nulle autre promesse, ainsi comme il appert par les lettres faictes sur ladicte paix.

Et ledit Mgr de Beaufort s'offre de jurer et prouver qu'il y a de dommage de plus de xx^{m} frans, pour ce que le Chambellan ne lui a tenu la paix qui lui avoit promise et jurée. Si requiert le dit Mgr de Beaufort aux seigneurs cardinaux qui sont arbitres qui lui en facent paier au Chambellan la somme et dedommagier le dit Mgr de Beaufort.

Item, devra plus le Chambellan à Mgr de Beaufort, à la Saint Jehan qui vient, v^{c} frans et v^{c} florins de chambre.

XXXVI. — Item, comme ce soit chose que nostre Saint Pere derrenierement trespassé doie audit messire Raymon de la somme de xx^{m} frans, et lui en eust baillié en gaiges les benefices de Saint-Remi[2], de Pellissaine[3] et de Pertuz[4], à prendre et lever les fruiz d'iceulx, jusques à tant que ledit messire Raymon feust paié tout à un coup de ladite somme ; et il soit ainsi que ledit nostre Saint

1. Les lignes suivantes ont été ajoutées en 1398.

2. Saint-Remy-de-Provence (Bouches-du-Rhône, arrondissement d'Arles, chef-lieu de canton).

3. Pélissanne (Bouches-du-Rhône, canton de Salon).

4. Pertuis (Vaucluse, arrondissement d'Apt, chef-lieu de canton).

Pere ait osté audit messire Raymon les benefices de Saint Remi et de Pelissaine et de Pertuz, et pris les fruis d'iceulx par vj années, et de Pertuz depuis la Toussains en ça : requiert ledit messire Raymon estre restitué ès diz benefices des dictes années, qui se montent plus de xij^m florins[1] et que nostre Saint Pere conferme la bulle sur ce faicte par son predecesseur, car, en la paix faicte entre nostre Saint Pere et ledit messire Raymon par les gens du Roy, le Pape et le College doivent confermer les dictes choses en la plus forte maniere que faire se pourra.

[Réponse de 1395 :] *Respondetur quod per factum vel operam [domini nostri dictus] dominus Raymundus nichil perdidit, quodque ipse pacem de qua supra fit [sermo] non servavit. Quare non debet contentis in ea gaudere, etc.*

[Note ajoutée en 1398 :] Item, messeigneurs les cardinaux ont mandé à Mgr de Beaufort, par maistre Paul et Pierre Meingot, qui feist la procuracion de cel arbitrage, car messeigneurs les cardinaux lui garderoient bien son droit, et qu'il meist par escript ses memoires à part; car, se que Mgr de Beaufort mettroit en ses memoires, messeigneurs les cardinaux li garderoient bien son droit entierement. Et Mgr de Beaufort supplie à mesdiz seigneurs les cardinaux que ilz vueillent faire confermer les benefices par la maniere que le Pape et l'Eglise en est obligée, et qui donne sentence d'escommeniement à touz ceulx qui mettront empeschement que Mgr de Beaufort n'ait les diz benefices et les fruis, et qu'ilz mettent entredit ès villes de Pertuz, de Pelissane et de Saint Remi jusques à tant que ilz aient paié à Mgr de Beaufort la valeur des benefices et arrerages.

XXXVII. — Item, comme ce soit chose que nostre Saint Pere derrenierement trespassé, sanz cause et sanz raison, ait fait mettre le siege devant Alene[2], et destruit ledit lieu, et Savace[3] : requiert ledit messire Raymon que les diz lieux soient remis en la main de Mme de Valentinoys, et que on lui en baille la possession, et que on lui amende les dommages qui lui ont esté faiz; car ma dicte dame de Valentinois ne mere mal de ce que le Bastart[4] faisoit à

1. Dans le texte de 1395, les lignes qui précèdent sont remplacées par ces mots : « ... pour iij années, qui se montent plus de iiij^m florins. »
2. Leyne (Drôme, commune de Savasse).
3. Savasse (Drôme, canton de Marsanne).
4. Tristan de Beaufort, fils naturel de Guillaume II Roger de Beaufort.

Castel neuf[1]; et, d'autre part, requiert ledit messire Raymon que le lieu de Castel neuf soit mis en la main de madicte dame de Valentinois.

[Réponse de 1395 :] *Respondetur quod petat a Dalphino, qui tenet dicta castra*[2].

XXXVIII. — [Articles ajoutés en 1398 :] Item, il est verité que, l'an mil CCC IIII^xx et XIIII, ou mois de fevrier, le premier an de la creacion de nostre saint pere pape Benoist, que aujourd'hui [est], par certain tretié de paix entre Mme la royne de Sicille, en nom du roy Loys, son filz, et le païs de Prouvence, d'une part, et Mgr de Beaufort qui est huy, d'autre part, de la voulenté, consentement et exprès commandement de nostre saint pere le Pape, et par l'ordenance de nosseigneurs les cardinaux d'Amiens, Thurin, Albane[3] et Petramale[4], Penestre[5], Jherusalem[6], Agrifueille[7] et le Vert[8], touz assemblez en l'ostel de Mgr d'Amiens, l'an dessusdit et le IIIe jour de fevrier, maistre Henry de Marle, l'un des presidens de Parlement, et maistre Pierre le Fevre, conseiller du Roy en son Parlement à Paris, lesquelz furent envoiez à Partuz devers Mgr de Beaufort qui est huy, au conduit de Mgr Girart de Bourbon, pour les tenir seeurs des Prouvençaz, et au conduit de maistre Paul et de Jehan David, pour les tenir sceurs des gens de Mgr de Beaufort, et fu ordené par les seigneurs cardinaux que aus diz maistre Paul et Jehan David le chambellan du Pape donnast lettres certifficatoires de seurté, car Mgr de Beaufort n'avoit point pour lors de guerre au Pape; laquele sceurté le chambellan du Pape ne voult donner, et disoit qu'il ne povoit jà chaloir, et que Mgr de Beaufort qui est huy n'avoit point de guerre au Pape. Après, les diz maistre Paul et Jehan David alerent prendre congié de nostre saint pere le Pape, en la presence du prevost de Thoulouse, de l'evesque de Terrassone et de l'evesque

1. Châteauneuf-de-Mazenc (Drôme, canton de Dieulefit).

2. Aucun des articles qui suivent ne se trouve dans le ms. 4 de la Collection de Périgord. On lit du reste en marge de cet article, dans la pièce K 1144, n° 37 : « Iste non est in primo datis, nec alii sequentes. »

3. Nicolas Brancaccio.

4. Galeotto Tarlato di Pietramala.

5. Guy de Malesset.

6. Bertrand de Chanac.

7. Guillaume d'Aigrefeuille.

8. Sans doute Pierre de Vergne.

du Puy, qui pour le temps estoit evesque de Saintes[1], où nostre saint pere le Pape estoit en la chambre de Romme, commanda à maistre Paul et Jehan David qu'ilz allassent à Partuz, pour conduire lesdiz maistres Henry de Marle et maistre Pierre le Fevre, en leur enchargant de dire certaines paroles à Mgr de Beaufort qui est huy touchans le fait d'eulx deulx, en les assurant que, en la terre de l'Eglise, ne entour Avignon, que lesdiz maistre Paul et Jehan David n'auroient mal ne dommage en corps ne en biens, en aucune maniere, et que hardiement alassent et retournassent seurement; et, sur la dicte assurance faicte par le Pape de sa bouche, maistre Paul et Jehan David se myrent au chemin pour aler devers Mgr de Beaufort qui est huy, à Partuz, en la compaignie des dessus diz; et, au retourner de Pertus à Avignon devers nostre saint pere le Pape, Jehan de Petigny et Pierre d'Espaigne, escuier de Mgr le cardinal de Viviers, partirent d'Avignon le xve jour dudit moys de fevrier, armez et acompaignez de divers varlès à cheval; ès vignes d'Avignon, emprisonnerent les diz maistre Paul et Jehan David et le varlet de maistre Paul, et leur osterent leurs chevaux, robes et argent, lettres et apointemens qui portoient sus le trectié par lequel les dessus diz president et maistre Pierre Lefevre furent envoiez à Partuz, et menerent lesdiz maistre Paul et Jehan David à Mornas[2], ou chastel, au plus hault, qui est au Pape, où avoit un chastellain que on appelloit Estienne de Montonnay, qui les recent en le plus aut de la fortoresse, que est du Pape; et mirent les dessus diz ès fers et en bonne prison fermée, et maistre Paul en la fosse male et profonde; et eurent d'eulx les choses cy dessoubz particulierement declairées.

Item, après, quant nostre saint pere le Pape seust de la prise desdiz maistre Paul et Jehan David, il envoia à Mornas son tresorier et le regent de Veinisy, où ilz arre[st]erent lesdiz maistre Paul et Jehan David ès mains du chastellain, du commandement du Pape, et par bon instrument, que il ne les laisse transporter autre part; et le tresorier emporta une grant boueste plaines de lettres et de memoires de Mgr de Beaufort qui est huy. Après, maistre Paul fut mis à finance à ij^c florins, et L florins pour les despens, et donna ostages et pleges à paier à certain temps; et, pendent lequel terme, le chambellan de nostre saint pere le Pape commanda au chastellain de Mornas, du commandement du Pape, que il baillast les diz prisonniers à leur maistre, et par ainsi fdrent

1. Élie de Lestrange.
2. Vaucluse, canton de Bollène.

menez en Savoye; c'est assavoir l'ostaige de maistre Paul, (ont tant maistre Paul, comme son oncle) et un sien nepveu (*sic*), en demoura emprison trois ans et trois mois, et encores y est son nepveu en Savoye; et a monté sa finance et les despens v° L florins; item plus, en pourchassant la finance et delivrance de ses ostages, ij° florins.

XXXIX. — Item, a eu son maistre (*sic*) les choses qui s'ensuivent de maistre Paul :

Premierement : deux chevaux, l'un grison et l'autre morel, qui lui coutèrent iiij^xx florins.

Item plus, une espée, ij frans.

Item plus, unes bottes noires, ij florins.

Item plus, unes bouges èsquelles y avoit les choses qui s'ensuivent : premierement les bouges, ij florins;

Item. un vel de coton de la grant fourme, ij florins;

Item, deux paire de chausses de liere, ij escuz;

Item, iij paires de chemises, que grandes que petites, ij florins.

Item, deux paire de soulers, demi franc.

Item, en billon par parpilloles, gros de Pape et de royne, et autres diverses monnoyes, xxviij florins.

Item, qu'il osterent au varlet dudit maistre Paul, xiiij escuz.

Item, plus avoit ès bouges deux mars d'argent en deux tasses, xij frans.

XL. — Et pour ce que ledit maistre Paul es[toit] asse[uré] par le Pape, et Mgr de Beaufort n'avoit point lors guerre au Pape, et toute la conté de Venessi et la terre de l'Eglise estoit en bonne paix, et aussi [maistre] Paul avoit bonne sceur[té] et saufconduit de Mme la royne, dist maistre Paul que nostre saint pere le Pape lui doit reparer et amender la finance et les dommages qu'il a receu et soustenu pour occasion de ladite prise, car lui et Jehan David furent pr[ins près] d'Avignon, en forès, et furent menez en la forteresse du Pape, et ceulx qui les prindrent estoient fam[illiers] des cardinaux, comme dit est; et, se nostre S[aint] Pere disoit que le chastellain de Mornaz n'estoit mie [ob]eïssant à lui, maistre Paul dit que, sauve sa reverence, ledit chastellain lui fut tousjours obeïssant; et appert bien : car, par le commandement que le tresorier du Pape et le regent de Venessi firent de par le Pape audit chastellain qui ne laissat aler le dit maistre Paul et Jehan David ne transporter autre part senz [le] congié du Pape; et, par vertu dudit commandement, ledit chastellain retint arresté ledit maistre Paul et Jehan [David] jusques à tant que, par le commandement du Pape ou de son Chambellan, il les rendist à ceulx qui les avoient prins et les menorent en Savoye; et, par semblable raison, dist maistre Paul que le Pape les eust peu delivrer et commander audit chastellain qu'il les laissast aler, à touz leurs biens, [librement] et quittement, comme il lui fist commander [de les tenir] arrestez; car aussi ledit chastellain afferma et dist [qu'il] les eust laissié aler quittement, se le Pape lui eust commandé.

Nogent-le-Rotrou, imprimerie Daupeley-Gouverneur.

www.ingramcontent.com/pod-product-compliance
Ingram Content Group UK Ltd.
Pitfield, Milton Keynes, MK11 3LW, UK
UKHW031953260826
14628UKWH00005B/2011